# 문법의 조각 그림 맞추기

'F.r.a.g.m.e.n.t'는 무엇일까요? 1000피스 퍼즐을 맞춰 본 석 있나요? 처음에는 그 조각들이 의미하는 것이 무엇인지 모르다가 하나하나 조각이 맞춰지면서 비로소 그 그림을 이해하게 됩니다. 이 책은 수많은 문법의 피스, 즉 'Fragment'로 되어 있습니다. 동사의 조각, 명사의 조각 등을 맞추다 보면 문법이라는 넘기 힘든 그림이 눈앞에 딱 맞춰져 있는 것을 경험하게 될 것입니다.

이제 절대평가의 시대로 바뀌었습니다. 혹자들은 절대평가의 시대가 되면 영어의 중요성이 반감될 것이라고 합니다. 도리어 절대평가로 바뀌면서 '수능'과 '내신'이라는 두 마리 토끼를 가장 효율적으로 잡는 것이 중요해졌습니다. 수능과 내신을 위해서는 정확하지 않은 지식은 용납되지 않아 기본기를 잘 갖추어야 합니다. 그렇기 때문에 우리는 하나하나의 조각 그림을 맞추듯이 영어의 뼈대가 되는 문법을 완성하려고 합니다. 중간에 포기하는 사람 없이 좀 더 효율적이고 쉽게 목표에 도달할 수 있도록 '절대평가 깐깐한 중학 영문법 N제'가 도와드릴 것입니다.

한 조각이라도 정확한 곳에 맞추지 않으면 다른 조각까지 자리를 못 찾게 됩니다. 그 때문에 지루하다 싶을 정도로 기본이 되는 부분을 반복 연습하여 정확하고 확실하게 문법을 익히는 것이 중요합니다. 정확하게 알 때까지 반복 연습한다는 것, 이것이 '깐깐한'이라는 형용사가 붙은 이유입니다.

자주 바뀌는 정부의 시책으로 혼란스러운 영어 학습 환경에서 여러분의 확실하고 든든한 길잡이가 될 '절대평가 깐깐한 중학 영문법 N제' 시리즈와 함께 더 넓은 영어의 세계로 도전해 보시기 바랍니다.

이상
여러분의 손 안에 현명한 친구가 될 WizTool 영어 연구소 선생님들이…

이 책의
**특장점**

## 절대평가 시대 왜 '절대문항 깐깐한 중학 영문법 N제'여야 하나?

### 절대평가 ▼

교육부의 발표대로 수능 영어가 상대평가에서 절대평가 체제로 바뀌었습니다. 즉 모든 학생의 점수를 백분율에 따라 등급을 매기는 상대평가에서 다른 학생과 비교할 필요 없이 일정 수준의 점수에만 도달하면 해당 등급을 받게 되는 체제로 달라졌습니다. 그럼, 어떤 대비를 해야 할까요?

우선 "Return to Basic" 기본으로 돌아가야 합니다. 기본을 확실하게 익히는 학습을 통해 문제 해결 원리에 대한 자기만의 방식을 구축해야 합니다. 또한 수능만큼 중요해진 내신을 위한 공부도 병행해야 할 것입니다. 영어는 시험에 따라 학습하는 방법이 달라지는 것이 아닙니다. 수능도 내신도 같은 기본에서 출발하는 것임을 잊어서는 안 됩니다.

'절대평가 깐깐한 중학 영문법 N제' 시리즈로 내신과 수행평가부터 수능 학습의 기본까지 모두 한 번에 해결할 수 있는 "Solving Through" 시스템을 경험해 보세요.

### 깐깐한 ▼

이 책은 새로운 교육과정 연구부터 시작하여 각 학교의 내신 기출 문제 분석, 그리고 변화된 절대평가 수능시험 대비까지 변화된 영어 교육 환경에 가장 잘 맞도록 준비한 책입니다. 또한 새로운 교육과정의 최대 변화인 말하기에 필요한 어휘를 각각의 문제에 최대한 반영하여 자연스럽게 언어소통 기능을 습득할 수 있도록 하였습니다. 또한 현장에 계시는 여러 선생님들의 의견을 반영하여 실전에 대비할 수 있는 문제를 엄선하여 수록하였습니다. 또한 최신 트렌드와 학생들의 관심사를 최대한 예문에 담아 학생들이 흥미를 갖고 영어를 학습할 수 있도록 했습니다.

### 중학 영문법 N제 ▼

지나치게 많은 문제 제시는 효율적인 학습에 역행하는 학습 방법입니다. '절대평가 깐깐한 중학 영문법 N제'는 철저한 분석을 통해 학생들이 꼭 해야만 하는 학습 분량을 설정하고 학년에 따라 수행해야 할 과업에 차이를 두어 학년의 단계에 맞게 성취감을 고취시키도록 하였습니다. 구색 맞추기식 억지 문제를 내지 않고 꼭 필요한 문제만을 넣겠다는 집필진의 의지를 이름에 담아 'N제'로 하였습니다.

## 이 책의 구성

● **Fragment 설명**

문법을 항목별로 세세하게 구분하여
문법의 기초 개념을 꼼꼼하게 다질
수 있게 하였습니다.

● **확인 문제 type A**

해당 문법에 대한 문제 풀이를 통해 문법을
이해했는지 확인할 수 있도록 구성하였습니
다. 반복 연습을 통해 복습은 물론 다른 단
원과의 연계 학습이 가능하도록 하였습니다.

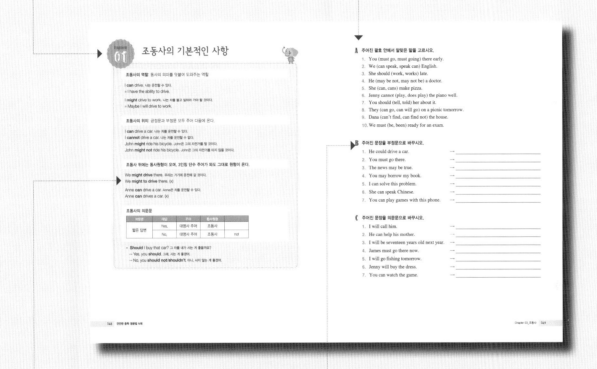

● **효율적인 Example**

해당 문법을 대표하는 예문을 제시하
여 예문을 통해 문법의 사용을 확실
히 익힐 수 있도록 하였습니다.

● **확인 문제 type B**

문법 연습뿐만 아니라 의사소통 능력을 높일
수 있는 실용적인 예문이 담긴 다양한 형태
의 문제를 제시하였습니다.

# 절대 내신 문제

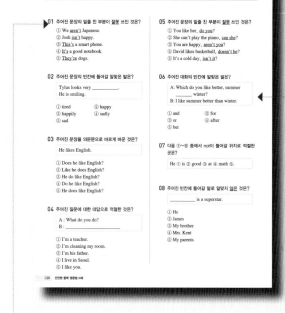

**● 06 문제**
수행평가, 쪽지시험 등 수시평가에
대비할 수 있는 문제를 실어 실력을
높일 수 있게 하였습니다.

**주관식 서술형 문제 ●**
내신 시험에 대비할 수 있도록
주관식 서술형 평가 문제를
강화하였습니다.

**● 01 문제**
기존 내신 문제를 분석하여 실제 시
험에 나올 만한 문제를 엄선하여 수
록해 내신에 완벽하게 대비할 수 있
도록 실전 시험 문제 형식으로 구성
하였습니다.

**18 문제 ●**
의사소통 기능에 기반을 둔 대화 형태의
문제도 다수 수록하여 내신 시험에 대한
다양한 대비는 물론 'Spoken English'의
기초 확립에도 도움이 되도록 하였습니다.

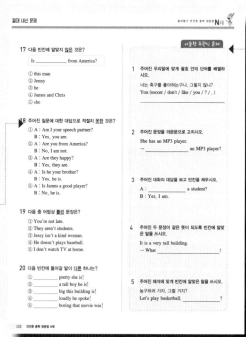

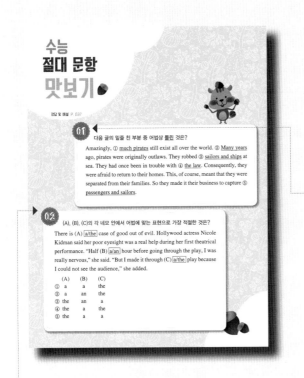

**01** 다음 글의 밑줄 친 부분 중 어법상 틀린 것은?

Amazingly, ① much pirates still exist all over the world. ② Many years ago, pirates were originally outlaws. They robbed ③ sailors and ships at sea. They had once been in trouble with ④ the law. Consequently, they were afraid to return to their homes. This, of course, meant that they were separated from their families. So they made it their business to capture ⑤ passengers and sailors.

**02** (A), (B), (C)의 각 네모 안에서 어법에 맞는 표현으로 가장 적절한 것은?

There is a (A) a/the case of good out of evil. Hollywood actress Nicole Kidman said her poor eyesight was a real help during her first theatrical performance. "Half (B) a/an hour before going through the play, I was really nervous," she said. "But I made it through (C) a/the play because I could not see the audience," she added.

| | (A) | (B) | (C) |
|---|---|---|---|
| ① | a | a | the |
| ② | a | an | the |
| ③ | the | an | a |
| ④ | the | a | the |
| ⑤ | the | a | a |

## ● 문제 1

내신과는 다른 형태인 수능 문제를 접해 보도록 수능 맛보기 문제를 실었습니다. ①~⑤ 중 틀린 문법을 고르는 문제를 통해 문법 사항을 체크하고 문법을 적용하는 법을 익히도록 하였습니다.

## ● 문제 2

네모 안에 들어갈 3가지를 고르는 문법 문제를 풀어 봄으로써 수능에 나오는 문법 문제의 유형을 익힐 수 있도록 하였습니다.

## 정답 및 해설 ●

정확한 해석과 핵심 설명으로 문제 풀이의 핵심만을 정리하였습니다.

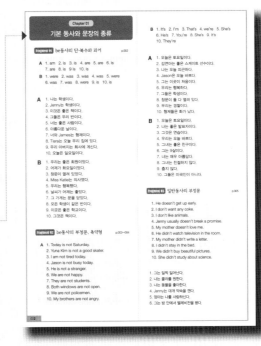

# 이 책의 차례

# 기본 동사와 문장의 종류

# be동사의 단·복수와 과거

Fragment 01

| 주어 | be동사 현재형 | be동사 과거형 |
| --- | --- | --- |
| I | am | was |
| You/We/They | are | were |
| He/She/It | is | was |
| We | are | were |

**A** 각 문장의 빈칸에 들어갈 am, is, are를 골라 쓰시오.

1. I _____ a student.

2. Jenny _____ a student.

3. This _____ a good book.

4. They _____ in my class.

5. You _____ a good man.

6. It _____ a beautiful day.

7. You and James _____ brothers.

8. Tiara _____ at home today.

9. My father _____ at work.

10. Today _____ Sunday.

**B** 괄호 안에서 문법적으로 알맞은 것을 고르시오.

1. We (was, were) good members.

2. Yesterday (was, were) Tuesday.

3. The window (was, were) open.

4. Miss Katie (was, were) a doctor.

5. We (was, were) happy.

6. The weather (was, were) good yesterday.

7. The store (was, were) closed.

8. All students (was, were) in the class.

9. This (is, are, were) a good school.

10. That (is, are, were) a book.

# Fragment 02 be동사의 부정문, 축약형

| 주어 | be동사 현재 부정형 | 축약형 | be동사 과거 부정형 | 축약형 |
|---|---|---|---|---|
| I | am not | - | was not | wasn't |
| You/We/They | are not | aren't | were not | weren't |
| He/She/It | is not | isn't | was not | wasn't |
| We | are not | aren't | were not | weren't |

**A** 주어진 문장을 부정문으로 바꾸어 쓰시오.

1. Today is Saturday. → _____
2. Yuna Kim is a good skater. → _____
3. I am tired today. → _____
4. Jason is busy today. → _____
5. He is a stranger. → _____
6. We are happy. → _____
7. They are students. → _____
8. Both windows are open. → _____
9. We are policemen. → _____
10. My brothers are angry. → _____

**B** 주어진 문장의 밑줄 친 부분을 줄여서 쓰시오.

1. It is Saturday. _____
2. I am a good speaker. _____
3. That is an exercise. _____
4. We are busy today. _____
5. She is a good friend. _____
6. He is nine years old. _____
7. You are so beautiful. _____
8. She is not kind. _____
9. It is not cold. _____
10. They are not American. _____

# 일반동사의 부정문

| 주어 | 현재 | 과거 |
|---|---|---|
| | don't + 동사원형 | didn't + 동사원형 |
| 주어가 3인칭 단수 현재인 경우 does not(doesn't) + 동사원형 | | |

- I have two American friends. 나는 미국인 친구 2명이 있다.
  → I **don't have** any American friends. 나는 미국인 친구가 전혀 없다.

- He works hard. 그는 열심히 일한다.
  → He **does not** work hard. 그는 열심히 일하지 않는다.

- I ate a hamburger. 나는 햄버거를 먹었다.
  → I **didn't eat** a hamburger. 나는 햄버거를 먹지 않았다.

**주어진 문장을 부정문으로 바꾸어 쓰시오.**

1. He gets up early. → _____
2. I want your help. → _____
3. I like animals. → _____
4. Jenny usually breaks a promise. → _____
5. My mother loves me. → _____
6. He watched television in the room. → _____
7. My mother wrote a letter. → _____
8. I stayed in the bed. → _____
9. We bought beautiful pictures. → _____
10. She studied about science. → _____

# 의문사가 없는 의문문

### 1. be동사

'주어 + be동사 ～'가 의문문이 되면 'Be동사 + 주어 ～?'
이때 대답은 'Yes, 주어 + be동사' 또는 'No, 주어 + be동사 + not'

- This is Luna's book. 이것은 Luna의 책이다.
  → **Is this** Luna's book? 이것은 Luna의 책이니?

### 2. 일반동사

'주어 + 일반동사 ～'가 의문문이 되면 'Do(Does, Did) + 주어 + 동사원형 ～?'
이때 대답은 'Yes, 주어 + do(does, did)' 또는 'No, 주어 + do(does, did) + not'

- You learn French at school. 너는 학교에서 프랑스어를 배운다.
  → **Do you learn** French at school? 너는 학교에서 프랑스어를 배우니?

### 3. 부정의문문

'주어 + be동사 not'이 의문문이 되면 'Be동사 + not + 주어 ～?'
'주어 + 일반동사 not'이 의문문이 되면 'Do[Does, Did]동사 + not + 주어 + 동사원형～?'

- You are not a doctor. 당신은 의사가 아니다.
  → **Aren't you** a doctor? 당신은 의사가 아닙니까?
    Yes, I am. / No, I am not. 아니오, 의사입니다. / 네, 아닙니다.

- He doesn't have many books. 그는 많은 책을 가지고 있지 않다.
  → **Doesn't he have** many books? 그는 많은 책을 가지고 있지 않니?
    Yes, he does. / No, he doesn't. 아니, 가지고 있어. / 응, 가지고 있지 않아.

**A** 주어진 문장을 의문문으로 고치시오.

1. They are tennis players. → _____
2. Jenny and Tony are in the same class. → _____
3. He is an excellent dancer. → _____
4. We are busy today. → _____
5. This is a difficult exercise. → _____
6. This is a good point. → _____
7. Chris comes from Canada. → _____

8. You and Henry are cousins.     →  _____

9. John speaks English well.      →  _____
                                     _____

10. He walked to school with Jane. →  _____
                                      _____

**B** 주어진 대화를 부정의문문에 맞게 빈칸을 채우시오.

1. A: Doesn't he drink water?
   B: Yes, _____ .

2. A: Don't you drive a car?
   B: No, _____ .

3. A: Don't they wear jeans?
   B: No, _____ .

4. A: Doesn't she do her homework?
   B: Yes, _____ .

5. A: Didn't she listen to music yesterday?
   B: No, _____ .

6. A: Aren't you a doctor?
   B: Yes, _____ .

7. A: _____ open the door?
   B: Yes, I do.

8. A: _____ play the piano?
   B: No, she doesn't.

9. A: _____ speak English well?
   B: Yes, I do.

10. A: Don't you have a new dress?
    B: Yes, _____ .

# 의문사가 있는 의문문

의문사 + be동사 + 주어 ~? → yes, no로 대답하지 않는다.

A : **Where are the books?** 그 책들이 어디에 있니?
B : They are on the desk. 책상 위에 있어.

의문사 + do(does, did) + 주어 + 동사원형 ~? → yes, no로 대답하지 않는다.

A : **What does he have** in his bag? 그의 가방 안에 무엇이 들어 있니?
B : He has a camera in his bag. 그는 가방 안에 사진기를 가지고 있어.

**주어진 대화의 의미에 맞게 괄호 안의 단어를 이용하여 의문문을 만드시오.**

1. A: ＿＿＿＿＿＿＿＿＿＿＿＿ (is, who, she)?
   B: She is my teacher.

2. A: ＿＿＿＿＿＿＿＿＿＿＿＿ (work, does, where, Mary)?
   B: She works in the supermarket.

3. A: ＿＿＿＿＿＿＿＿＿＿＿＿ (do, what, he, does)?
   B: He is a painter.

4. A: ＿＿＿＿＿＿＿＿＿＿＿＿ (you, do, how, feel, today)?
   B: I'm fine.

5. A: ＿＿＿＿＿＿＿＿＿＿＿＿ (is, what, name, her)?
   B: Her name is Laura.

6. A: ＿＿＿＿＿＿＿＿＿＿＿＿ (do, they, why, so hard, work)?
   B: Because they need some money.

7. A: ＿＿＿＿＿＿＿＿＿＿＿＿ (was, your, how, picnic)?
   B: It was wonderful.

8. A: ＿＿＿＿＿＿＿＿＿＿＿＿ (does, when, the next train, leave)?
   B: It's 10 o'clock.

9. A: ＿＿＿＿＿＿＿＿＿＿＿＿ (your, what, hobby, is)?
   B: I sometimes play the piano.

10. A: ＿＿＿＿＿＿＿＿＿＿＿＿ (does, how, the, she, know, truth)?
    B: I have no idea.

# 선택의문문, 명령문

## 1. 선택의문문

~ A or B ? A 또는 B로 해석

· Which do you like better? **coffee or tea**? 커피와 차 중 어떤 것을 더 좋아하니?
  → I like coffee better. 커피를 더 좋아해.

## 2. 명령문

· 긍정 – 동사원형 ~ : '~해라'로 해석
· 부정 – Don't ~ : '~하지 마라'로 해석
· Let's ~ : '~합시다'로 해석

· You are honest and kind. 너는 정직하고 친절하다.
  → **Be** honest and kind. 정직하고 친절해라.

· You break your words. 너는 약속을 어긴다.
  → **Don't** break your words. 약속을 어기지 마라.

· **Let's** go swimming this afternoon. 오후에 수영하러 갑시다.

**A** 괄호 안의 주어진 어휘를 이용하여 선택의문문을 완성하시오.

1. Which do you like _____ (apples, or, better, oranges)?
2. Who cooked _____ (the dishes, or, Tom, James)?
3. Do you _____ (a, have, or, pen, a pencil)?
4. _____ (it, is, a book, or) an album?
5. Do you go to school _____ (or, bus, by, on foot)?
6. _____ (would, which, you, prefer), coffee or tea?
7. _____ (we, go by, shall) bus or subway?
8. _____ (she, is, or, a teacher) a student?
9. _____ (you, do, speak, or, English, Japanese)?
10. _____ (are, a Korean, you, a Chinese, or)?

**B 주어진 문장을 괄호 안의 지시에 맞게 명령문으로 고치시오.**

1. You write your homework in pencil. (긍정명령문)

   → _____

2. You take the next bus. (긍정명령문)

   → _____

3. You drive fast. (부정명령문)

   → _____

4. You use the new words. (긍정명령문)

   → _____

5. You open the door. (긍정명령문)

   → _____

6. You stop on the corner. (부정명령문)

   → _____

7. We sit in the circle. (let's로 시작하는 명령문)

   → _____

8. We are quiet in the classroom. (let's로 시작하는 명령문)

   → _____

9. You give the pen to Mr. Jackson. (긍정명령문)

   → _____

10. We look up the watch. (let's로 시작하는 명령문)

   → _____

# Fragment 07 부가의문문

1. **(조)동사가 긍정**: (조)동사 부정 + 주어
2. **(조)동사가 부정**: (조)동사 긍정 + 주어
3. **일반명령문**: will you
4. **Let's 명령문**: shall we

- You are a teacher here, **aren't you**? 당신은 여기 선생님이죠, 그렇지 않나요?
  → **Yes, I am. / No, I am not**. 네, 맞습니다. / 아니오, 아닙니다.

- You aren't happy, **are you**? 너 행복하지 않지, 그렇지?
  → **Yes, I am. / No, I am not**. 아니, 행복해. / 응, 행복하지 않아.

- Write your name on it, **will you**? 그곳에 너의 이름을 써라, 알았니?

- Let's go swimming, **shall we**? 수영하러 가자, 어떠니?

**주어진 문장의 빈칸에 알맞은 부가의문문의 형태를 쓰시오.**

1. She is so beautiful, _____?
2. Ben will play basketball, _____?
3. You don't like Sushi, _____?
4. She cannot use this player, _____?
5. James worked hard last night, _____?
6. We can't go picnic, _____?
7. You don't like summer, _____?
8. They won't go to school, _____?
9. Sara didn't paint well last lesson, _____?
10. They are tired, _____?
11. Be quiet, _____?
12. Open the window, _____?
13. Don't break a promise, _____?
14. Let's play soccer, _____?
15. Let's not give up, _____?

# 감탄문

**How 감탄문**: How + 형용사 + 주어 + 동사

- He is very lucky. 그는 매우 운이 좋다.
  → **How lucky (he is)!** 그는 얼마나 운이 좋은가!

- This story is very interesting. 이 소설은 매우 재미있다.
  → **How interesting (this story is)!** 이 소설은 참 재미있구나!

**What 감탄문**: What + (a/an) + 형용사 + 명사 + 주어 + 동사

- She is very kind lady. 그녀는 매우 친절한 여자이다.
  → **What a kind lady (she is)!** 그녀는 참 친절하기도 하구나!

- These are very beautiful gardens. 이것들은 매우 아름다운 정원이다.
  → **What beautiful gardens (these are)!** 이것들은 정말로 아름다운 정원이구나!

**괄호 안에 주어진 단어를 순서에 맞게 배열하여 감탄문을 완성하시오.**

1. How _____ (the, old, is, bell)!

2. What _____ (man, a, rich, is, he)!

3. What _____ (tall, a, she is, girl)!

4. How _____ (the games, nice, are)!

5. What _____ (a, she, cute, is, girl)!

6. How _____ (the, lazy, worker, is)!

7. How _____ (sings, well, he)!

8. What _____ (are, smart, they, students)!

9. How _____ (are, you, foolish)!

10. What _____ (holiday, it, a, is, wonderful)!

# 절대 내신 문제

**01** 주어진 문장의 밑줄 친 부분이 **잘못** 쓰인 것은?

① We <u>aren't</u> Japanese.
② Josh <u>isn't</u> happy.
③ <u>This's</u> a smart phone.
④ <u>It's</u> a good notebook.
⑤ <u>They're</u> dogs.

**02** 주어진 문장의 빈칸에 들어갈 알맞은 말은?

> Tylus looks very _____.
> He is smiling.

① tired  ② happy
③ happily  ④ sadly
⑤ sad

**03** 주어진 문장을 의문문으로 바르게 바꾼 것은?

> He likes English.

① Does he like English?
② Like he does English?
③ He do like English?
④ Do he like English?
⑤ He does like English?

**04** 주어진 질문에 대한 대답으로 적절한 것은?

> A : What do you do?
> B : _____

① I'm a teacher.
② I'm cleaning my room.
③ I'm his father.
④ I live in Seoul.
⑤ I like you.

**05** 주어진 문장의 밑줄 친 부분이 **잘못** 쓰인 것은?

① You like her, <u>do you</u>?
② She can't play the piano, <u>can she</u>?
③ You are happy, <u>aren't you</u>?
④ David likes basketball, <u>doesn't he</u>?
⑤ It's a cold day, <u>isn't it</u>?

**06** 주어진 대화의 빈칸에 알맞은 말은?

> A: Which do you like better, summer
> _____ winter?
> B: I like summer better than winter.

① and  ② for
③ or  ④ after
⑤ but

**07** 다음 ①~⑤ 중에서 not이 들어갈 위치로 적절한 곳은?

> He ① is ② good ③ at ④ math ⑤.

**08** 주어진 빈칸에 들어갈 말로 알맞지 <u>않은</u> 것은?

> _____ is a superstar.

① He
② James
③ My brother
④ Mrs. Kent
⑤ My parents

※ 정답 및 해설 p.005~007

**09** 주어진 문장을 부정문으로 만들 때 빈칸에 들어갈 말이 <u>다른</u> 하나는?

① I am _____ a student.
② She is _____ a music teacher.
③ They are _____ American.
④ We _____ like cats.
⑤ Tom and John are _____ brothers.

**10** 주어진 대화의 빈칸에 알맞은 것은?

A : You know what? I have a new pet.
B : Really? Is it a cat?
A : _____ It's a dog.

① Yes, it is.
② Yes, it does.
③ No, it isn't.
④ I like a cat.
⑤ Yes, I do.

**11** 주어진 문장의 빈칸에 들어갈 말이 <u>다른</u> 하나는?

① Today _____ Jane's birthday.
② She _____ twelve years old.
③ James _____ very hungry.
④ This _____ a Jenny's note.
⑤ All her friends _____ at the party.

**12** 밑줄 친 부분의 쓰임이 나머지 넷과 <u>다른</u> 것은?

① <u>Do</u> you drink some juice?
② I <u>don't</u> like him.
③ <u>Do</u> they go to the movies?
④ We <u>do</u> our homework every day.
⑤ They <u>don't</u> want water.

**13** 다음 주어진 문장과 의미가 같은 것은?

He is a very kind man.

① He is the man.
② What's he kind?
③ How kind is the boy?
④ What a kind man he is!
⑤ What makes him kind?

**14** 다음 주어진 문장 중 어법상 올바른 것은?

① What tall she is!
② What a lovely day!
③ How fast boy he runs!
④ What beautiful flowers it is!
⑤ What good a computer it is!

**15** 다음 빈칸에 공통으로 들어갈 알맞은 것은?

They _____ good friends.
You _____ a doctor.

① am          ② are
③ is          ④ has
⑤ can

**16** 다음 대화의 빈칸에 들어갈 가장 적절한 것은?

A: _____ she open the window?
B: Yes, she did.

① Are          ② Is
③ Do          ④ Does
⑤ Did

**17** 다음 빈칸에 알맞지 <u>않은</u> 것은?

> Is _____ from America?

① this man
② Jenny
③ he
④ James and Chris
⑤ she

**18** 주어진 질문에 대한 대답으로 적절치 <u>못한</u> 것은?

① A : Am I your speech partner?
　 B : Yes, you are.
② A : Are you from America?
　 B : No, I am not.
③ A : Are they happy?
　 B : Yes, they are.
④ A : Is he your brother?
　 B : Yes, he is.
⑤ A : Is James a good player?
　 B : No, he is.

**19** 다음 중 어법상 <u>틀린</u> 문장은?

① You're not late.
② They aren't students.
③ Jessy isn't a kind woman.
④ He doesn't plays baseball.
⑤ I don't watch TV at home.

**20** 다음 빈칸에 들어갈 말이 <u>다른</u> 하나는?

① _____ pretty she is!
② _____ a tall boy he is!
③ _____ big this building is!
④ _____ loudly he spoke!
⑤ _____ boring that movie was!

**1** 주어진 우리말에 맞게 괄호 안의 단어를 배열하시오.

너는 축구를 좋아하는구나, 그렇지 않니?
You (soccer / don't / like / you / ? / , )

_____

**2** 주어진 문장을 의문문으로 고치시오.

She has an MP3 player.
→ _____ an MP3 player?

**3** 주어진 대화의 대답을 보고 빈칸을 채우시오.

A : _____ a student?
B : Yes, I am.

**4** 주어진 두 문장이 같은 뜻이 되도록 빈칸에 알맞은 말을 쓰시오.

It is a very tall building.
→ What _____!

**5** 주어진 해석에 맞게 빈칸에 알맞은 말을 쓰시오.

농구하러 가자, 그럴 거지?
Let's play basketball, _____?

# 수능 절대 문항 맛보기

정답 및 해설 P. 007

## 01 다음 글의 밑줄 친 부분 중 어법상 틀린 것은?

In the beginning, hats ① <u>was</u> made to shield the head. Many still do. In cold places hats of animal fur ② <u>are used to warm</u> the head of the people. In warmer places hats of straw shield from the sun. So, the weather ③ <u>helps</u> people choose which hat to wear. Fighting soldiers often wear hats made of matals. When someone ④ <u>works on</u> high buildings or under the ground, he wears hard hats, too. Football and baseball players, and racing car drivers also ⑤ <u>wear</u> hard hats for protection.

## 02 다음 글의 밑줄 친 부분 중 어법상 틀린 것은?

Pizza ① <u>is</u> now a stateless, boundless and flag-less food. However we should ② <u>misunderstandn't</u> about pizza. Though it may be characterized as fast food, pizza is not a junk food. Especially when it is made with fresh vegetables and meat, pizza ③ <u>fulfills</u> our basic nutritional requirements. The bread and the tomatoes ④ <u>provide</u> carbohydrates and vitamins. And essential protein eventually ⑤ <u>comes from</u> the cheese, meat, and fish.

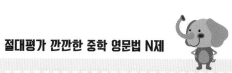

Chapter
**02**

# 동사의 시제

# Fragment 01 일반동사의 3인칭 단수형

| 대부분의 경우 | -s가 붙는다.<br>walk → walks, read → reads, sing → sings |
|---|---|
| 단어의 끝이 -s, - sh, -ch, -o, -x로 끝난 경우 | -es가 붙는다.<br>kiss → kisses, wash → washes, teach → teaches, do → does, mix → mixes, |
| '자음 + y'로 끝난 경우 | y를 i로 고치고 -es를 붙인다.<br>carry → carries, fly → flies, study → studies |
| '모음 + y'로 끝난 경우 | -s를 붙인다.<br>play → plays, buy → buys, stay → stays |

**주어진 단어의 3인칭 단수형을 쓰시오.**

1. answer   → _____
2. bear   → _____
3. begin   → _____
4. bite   → _____
5. believe   → _____
6. break   → _____
7. bring   → _____
8. build   → _____
9. burn   → _____
10. buy   → _____
11. carry   → _____
12. catch   → _____
13. choose   → _____
14. cheer   → _____
15. climb   → _____
16. close   → _____
17. collect   → _____
18. copy   → _____
19. cost   → _____

20. cross   → _____
21. cry   → _____
22. discuss   → _____
23. draw   → _____
24. dream   → _____
25. drink   → _____
26. eat   → _____
27. enjoy   → _____
28. end   → _____
29. fall   → _____
30. feel   → _____
31. find   → _____
32. finish   → _____
33. fly   → _____
34. get   → _____
35. give   → _____
36. go   → _____
37. grow   → _____
38. harm   → _____

39. help → _____
40. hear → _____
41. hold → _____
42. hurry → _____
43. impress → _____
44. judge → _____
45. keep → _____
46. kick → _____
47. laugh → _____
48. lay → _____
49. leave → _____
50. listen → _____
51. like → _____
52. lose → _____
53. make → _____
54. marry → _____
55. mean → _____
56. meet → _____
57. miss → _____
58. mix → _____
59. open → _____
60. pass → _____
61. pay → _____
62. play → _____
63. push → _____
64. put → _____
65. reach → _____
66. read → _____
67. repeat → _____
68. ride → _____
69. say → _____

70. see → _____
71. sell → _____
72. send → _____
73. serve → _____
74. set → _____
75. show → _____
76. sing → _____
77. sit → _____
78. solve → _____
79. sound → _____
80. speak → _____
81. spend → _____
82. suggest → _____
83. stand → _____
84. stay → _____
85. study → _____
86. teach → _____
87. tell → _____
88. think → _____
89. throw → _____
90. touch → _____
91. try → _____
92. turn → _____
93. understand → _____
94. use → _____
95. visit → _____
96. wake → _____
97. wash → _____
98. watch → _____
99. wear → _____
100. write → _____

## Fragment 02 현재시제

현재의 사실이나 상태를 나타낸다.

He **lives** near here. 그는 여기 근처에 산다.
They **study** French hard. 그들은 프랑스어를 열심히 공부한다.

습관이나 반복되는 일을 나타낸다.

I **clean** my room every weekend. 나는 주말마다 방 청소를 한다.
She **goes** to school at 7 every morning. 그녀는 매일 아침 7시에 학교에 간다.

변하지 않는 법칙이나 진리, 속담이나 격언을 나타낸다.

The earth **goes** round the sun. 지구는 태양 주위를 돈다.
Two and three **makes** five. 2 더하기 3은 5이다.
Time **is** gold. 시간은 금이다.

**괄호 안의 단어를 현재시제에 맞게 고쳐 빈칸에 쓰시오.**

1. I _____ soccer every Monday. (play)

2. She _____ music. (love)

3. Jenny _____ to school on foot. (go)

4. My sister _____ Japanese hard. (study)

5. The moon _____ round the earth. (go)

6. They _____ in New York. (live)

7. Jim _____ to church every Sunday. (go)

8. I _____ up early in the morning. (get)

9. No news _____ good news. (be)

10. He _____ the rule. (break)

11. I _____ Christmas cards. (make)

12. She _____ a doctor. (be)

13. My father _____ the door. (open)

14. She _____ my breakfast. (prepare)

15. He always _____ his teeth at 7. (brush)

16. A rolling stone _____ no moss. (gather)

17. We _____ hungry now. (be)

18. She _____ beautiful eyes. (have)

19. Madrid _____ the capital of Spain. (be)

20. They _____ the ball every sunday. (kick)

# 일반동사의 과거형 규칙, 불규칙 변화

## 1. 규칙 변화

| | |
|---|---|
| 대부분의 경우 | −ed가 붙는다.<br>talk → talked, open → opened, listen → listened |
| −e로 끝난 경우 | −d만 붙인다.<br>love → loved, like → liked, hope → hoped |
| '자음 + y'로 끝난 경우 | y를 i로 고치고 −ed를 붙인다.<br>study → studied, cry → cried, try → tried |
| '모음 + y'로 끝난 경우 | −ed를 붙인다.<br>play → played, stay → stayed, enjoy → enjoyed |
| '단모음 + 자음'으로 끝난 경우 | 자음을 하나 더 쓰고 −ed를 붙인다.<br>stop → stopped, drop → dropped, plan → planned |

## 2. 불규칙 변화

| 기본형 | 과거형 | 과거분사형 | 의미 |
|---|---|---|---|
| arise | arose | arisen | 발생하다 |
| awake | awoke | awoken | 깨다 |
| be | was, were | been | 있다, −이다 |
| bear | bore | borne/born | 참다 |
| beat | beat | beaten/beat | 이기다 |
| become | became | become | −이 되다 |
| begin | began | begun | 시작하다 |
| bite | bit | bitten | 물다 |
| blow | blew | blown | 불다 |
| break | broke | broken | 깨지다 |
| bring | brought | brought | 가져오다 |
| build | built | built | 짓다 |
| burn | burned/burnt | burned/burnt | 타다 |
| buy | bought | bought | 사다 |
| catch | caught | caught | 잡다 |
| choose | chose | chosen | 선택하다 |
| come | came | come | 오다 |

| | | | |
|---|---|---|---|
| cost | cost | cost | 값이 ~이다 |
| cut | cut | cut | 자르다 |
| deal | dealt | dealt | 거래하다 |
| do | did | done | ~하다 |
| draw | drew | drawn | 그리다 |
| dream | dreamed/dreamt | dreamed/dreamt | 꿈꾸다 |
| drink | drank | drunk | 마시다 |
| drive | drove | driven | 운전하다 |
| eat | ate | eaten | 먹다 |
| fall | fell | fallen | 떨어지다 |
| feed | fed | fed | 먹이다 |
| feel | felt | felt | 느끼다 |
| fight | fought | fought | 싸우다 |
| find | found | found | 발견하다 |
| fly | flew | flown | 날다 |
| forbid | forbade | forbidden | 금지하다 |
| forecast | forecast | forecast | 예보하다 |
| forget | forgot | forgotten | 잊다 |
| forgive | forgave | forgiven | 용서하다 |
| freeze | froze | frozen | 얼다 |
| get | got | gotten/got | 받다 |
| give | gave | given | 주다 |
| go | went | gone | 가다 |
| grow | grew | grown | 자라다 |
| hang | hung | hung | 매달리다 |
| have | had | had | 가지다 |
| hear | heard | heard | 들리다 |
| hide | hid | hidden | 숨다 |
| hit | hit | hit | 때리다 |
| hold | held | held | 잡고 있다 |
| hurt | hurt | hurt | 다치다 |

| keep | kept | kept | 지키다 |
|------|------|------|--------|
| know | knew | known | 알다 |
| lay | laid | laid | 놓다 |
| lead | led | led | 이끌다 |
| learn | learned/learnt | learned/learnt | 배우다 |
| leave | left | left | 떠나다 |
| lend | lent | lent | 빌려주다 |
| let | let | let | ~하게 하다 |
| lie | lay | lain | 눕다 |
| light | lighted/lit | lighted/lit | 불붙이다 |
| lose | lost | lost | 잃다 |
| make | made | made | 만들다 |
| mean | meant | meant | 의미하다 |
| meet | met | met | 만나다 |
| mistake | mistook | mistaken | 실수하다 |
| pay | paid | paid | 지불하다 |
| prove | proved | proven/proved | 증명하다 |
| put | put | put | 놓다 |
| quit | quit | quit | 그만두다 |
| read | read | read | 읽다 |
| rid | rid | rid | 없애다 |
| ride | rode | ridden | 타다 |
| ring | rang | rung | 울리다 |
| rise | rose | risen | 오르다 |
| run | ran | run | 달리다 |
| say | said | said | 말하다 |
| see | saw | seen | 보다 |
| seek | sought | sought | 찾다 |
| sell | sold | sold | 팔다 |
| send | sent | sent | 보내다 |
| set | set | set | 놓다 |

| | | | |
|---|---|---|---|
| shake | shook | shaken | 흔들리다 |
| shine | shone/shined | shone/shined | 빛나다 |
| shoot | shot | shot | 쏘다 |
| show | showed | shown/showed | 보여주다 |
| shut | shut | shut | 닫다 |
| sing | sang | sung | 노래하다 |
| sink | sank | sunk | 가라앉다 |
| sit | sat | sat | 앉다 |
| sleep | slept | slept | 자다 |
| slide | slid | slid | 미끄러지다 |
| smell | smelled/smelt | smelled/smelt | 냄새 나다 |
| speak | spoke | spoken | 이야기하다 |
| speed | sped/speeded | sped/speeded | 속도 내다 |
| spend | spent | spent | 쓰다 |
| spill | spilled/spilt | spilled/spilt | 쏟다 |
| spin | spun | spun | 돌다 |
| spoil | spoiled/spoilt | spoiled/spoilt | 망치다 |
| spread | spread | spread | 펼치다 |
| spring | sprang/sprung | sprung | 튀다 |
| stand | stood | stood | 서다 |
| steal | stole | stolen | 훔치다 |
| strike | struck | struck/stricken | 치다 |
| swim | swam | swum | 수영하다 |
| swing | swung | swung | 흔들다 |
| take | took | taken | 가져가다 |
| teach | taught | taught | 가르치다 |
| tear | tore | torn | 찢다 |
| tell | told | told | 말해 주다 |
| think | thought | thought | 생각하다 |
| throw | threw | thrown | 던지다 |
| understand | understood | understood | 이해하다 |

| | | | |
|---|---|---|---|
| upset | upset | upset | 속상하게 하다 |
| wake | woke/waked | woken | 깨어나다 |
| wear | wore | worn | 입다 |
| win | won | won | 이기다 |
| wind | wound | wound | 감다 |
| write | wrote | written | 쓰다 |

**주어진 단어의 과거형과 과거분사형을 쓰시오.**

1. add     – _____ – _____

2. arise    – _____ – _____

3. awake   – _____ – _____

4. bake    – _____ – _____

5. be      – _____ – _____

6. bear    – _____ – _____

7. beat    – _____ – _____

8. become – _____ – _____

9. begin   – _____ – _____

10. bend   – _____ – _____

11. bet     – _____ – _____

12. bind    – _____ – _____

13. bite    – _____ – _____

14. blow   – _____ – _____

15. break   – _____ – _____

16. breed   – _____ – _____

17. bring   – _____ – _____

18. broadcast
       – _____ – _____

19. build   – _____ – _____

20. burn   – _____ – _____

21. burst   – _____ – _____

22. buy    –

23. catch   – _____ – _____

24. choose – _____ – _____

25. come   – _____ – _____

26. cost    – _____ – _____

27. cut     – _____ – _____

28. dance   – _____ – _____

29. deal    – _____ – _____

30. dig     – _____ – _____

31. dive    – _____ – _____

32. do      – _____ – _____

33. draw   – _____ – _____

34. dream   – _____ – _____

35. drink   – _____ – _____

36. drive   – _____ – _____

37. drop   – _____ – _____

38. dwell   – _____ – _____

39. eat     – _____ – _____

40. end     – _____ – _____

41. mean   – _____ – _____

42. meet   – _____ – _____

43. miss    – _____ – _____

44. mistake – _____ – _____

45. misunderstand

    – _____ – _____

46. overcome

    – _____ – _____

47. pay – _____ – _____

48. pour – _____ – _____

49. practice – _____ – _____

50. prove – _____ – _____

51. put – _____ – _____

52. quit – _____ – _____

53. reach – _____ – _____

54. read – _____ – _____

55. repeat – _____ – _____

56. rid – _____ – _____

57. ride – _____ – _____

58. ring – _____ – _____

59. rise – _____ – _____

60. roll – _____ – _____

61. run – _____ – _____

62. say – _____ – _____

63. see – _____ – _____

64. seek – _____ – _____

65. seem – _____ – _____

66. sell – _____ – _____

67. send – _____ – _____

68. set – _____ – _____

69. shoot – _____ – _____

70. show – _____ – _____

71. shrink – _____ – _____

72. shut – _____ – _____

73. sing – _____ – _____

74. sit – _____ – _____

75. sleep – _____ – _____

76. enter – _____ – _____

77. fall – _____ – _____

78. feel – _____ – _____

79. find – _____ – _____

80. fly – _____ – _____

81. forbid – _____ – _____

82. forget – _____ – _____

83. forgive – _____ – _____

84. freeze – _____ – _____

85. get – _____ – _____

86. give – _____ – _____

87. go – _____ – _____

88. grow – _____ – _____

89. guess – _____ – _____

90. hate – _____ – _____

91. have – _____ – _____

92. hear – _____ – _____

93. help – _____ – _____

94. hide – _____ – _____

95. hit – _____ – _____

96. hold – _____ – _____

97. hurt – _____ – _____

98. input – _____ – _____

99. keep – _____ – _____

100. kick – _____ – _____

101. knit – _____ – _____

102. know – _____ – _____

103. lay – _____ – _____

104. lead – _____ – _____

105. lean – _____ – _____

106. leap – _____ – _____

107. learn – _____ – _____

108. leave – _____ – _____

109. lend – _____ – _____

110. let – _____ – _____

**111. lie** (눕히다, 놓여 있다)

     – _____ – _____

**112. lock** – _____ – _____

**113. lose** – _____ – _____

**114. make** – _____ – _____

**115. slide** – _____ – _____

**116. smell** – _____ – _____

**117. sound** – _____ – _____

**118. speak** – _____ – _____

**119. speed** – _____ – _____

**120. spell** – _____ – _____

**121. spend** – _____ – _____

**122. spill** – _____ – _____

**123. spoil** – _____ – _____

**124. spread** – _____ – _____

**125. spring** – _____ – _____

**126. stand** – _____ – _____

**127. stay** – _____ – _____

**128. steal** – _____ – _____

**129. strike** – _____ – _____

**130. swallow**

     – _____ – _____

**131. swim** – _____ – _____

**132. take** – _____ – _____

**133. teach** – _____ – _____

**134. tear** – _____ – _____

**135. tell** – _____ – _____

**136. think** – _____ – _____

**137. throw** – _____ – _____

**138. touch** – _____ – _____

**139. train** – _____ – _____

**140. type** – _____ – _____

**141. understand**

     – _____ – _____

**142. undertake**

     – _____ – _____

**143. wake** – _____ – _____

**144. wear** – _____ – _____

**145. wet** – _____ – _____

**146. win** – _____ – _____

**147. wind** – _____ – _____

**148. wonder** – _____ – _____

**149. worry** – _____ – _____

**150. write** – _____ – _____

# 과거시제

과거의 사실이나 행위, 동작, 습관, 경험 등을 나타낼 때는 과거시제를 쓴다.

Ted **saw** a movie yesterday. Ted는 어제 영화를 보았다.
He **played** tennis after school. 그는 방과 후에 테니스를 쳤다.
Columbus **discovered** America in 1492. Columbus는 1492년에 아메리카를 발견했다.

**A** 주어진 괄호 안에서 알맞은 말을 고르시오.

1. She (flies, flied) to Japan last month.

2. The Korean War (brakes, broke) out in 1950.

3. We (go, went) to the museum last Saturday.

4. It (is, was) fine yesterday, but it is rainy today.

5. We (are, were) in Paris last month.

6. Susan (is, was) at the library three hours ago.

7. Last year, you (are, were) 13 years old. So you (are, were) 14 now.

8. Mr. Josh (is, was) a teacher. He teaches us math.

9. You (wasn't, weren't) at home last night.

10. She always (gets, got) up early in the morning.

**B** 주어진 문장을 과거형으로 바꿀 때 빈칸에 들어갈 알맞은 말을 쓰시오.

1. I read this novel. → I _____ this novel in 2000.

2. I am tired now. → I _____ tired yesterday.

3. Where is Jenny now? → Where _____ Jenny last year?

4. Mom is in the garden now. → Mom _____ in the garden then.

5. The shoes are expensive this year. → The shoes _____ expensive last year.

6. They aren't at home now. → They _____ at home last Sunday.

7. Are Julie and James at the theater now?
   → _____ Julie and James at the theater last weekend?

8. She buys some ice cream. → She _____ some ice cream yesterday.

9. James comes to the bookstore with us.
   → James _____ to the bookstore with us last weekend.

10. He learns the alphabet. → When he was young, he _____ the alphabet.

# Fragment 05 미래시제

앞으로 일어날 일을 나타낼 때 미래시제를 쓰는데 일반적으로 조동사 will을 써서 표현한다.
be going to와 같은 표현으로도 미래를 표현할 수 있다.

**will**: 미래에 대한 추측이나 의지를 나타낼 때 쓰인다.

- I **will** be seventeen next year. 나는 내년에 17살이 된다.
- It **will** be fine tomorrow. 내일 날씨가 좋을 것이다.

**be going to**: 가까운 미래의 소망이나 확정된 계획이나 예정을 나타낼 때 쓰인다.
부정형은 be동사 뒤에 not을 붙인다.

- My sister **is going to** be here. 누나는 여기에 올 것이다.
- I **am going to** go mountain climbing this weekend. 나는 이번 주말에 등산을 갈 계획이다.
- He **isn't going to** take a lesson this evening. 그는 오늘 저녁에 수업을 듣지 않을 것이다.

**A** 주어진 괄호 안에서 알맞은 말을 고르시오.

1. I'm going to (visit, visits) my father tomorrow.

2. Josh is (not going, going not) to play baseball.

3. You (did, do, will do) very well next time.

4. They will (cut, cutting) down the tree this Sunday.

5. Yuna (practices, is going to) go skating this weekend.

6. It (was, is, will be) clear the day after tomorrow.

7. Jenny and I (became, become, will become) friends three years ago.

8. I (will, am) going to learn English this winter vacation.

9. James is going to phone his friend (last night, this evening)

10. He (was, is, will be) a baseball player now.

**B** 주어진 문장을 같은 의미가 되도록 보기와 같이 바꾸어 쓰시오.

> **보기** I will go to bed at 10 o'clock.
> = I am going to go to bed at 10 o'clock.

1. James will take a picture.
   = James _____ a picture.

2. I will play soccer with my friends this Saturday.
   = I _____ soccer with my friends this Saturday.

3. I will make Christmas cards tomorrow.
   = I _____ Christmas cards tomorrow.

4. What _____ you do tonight?
   = What are you going to do tonight?

5. I will visit my aunt next Sunday.
   = I _____ my aunt next Sunday.

6. Tom _____ learn how to play the guitar.
   = Tom is going to learn how to play the guitar.

7. I will not go there tomorrow.
   = I _____ go there tomorrow.

8. Look at the clouds. It will rain.
   = Look at the clouds. It _____ rain.

9. My mother _____ buy some fresh vegetables.
   = My mother is going to buy some fresh vegetables.

10. Will you take a lesson this weekend?
    = _____ you _____ a lesson this weekend?

# 동사의 -ing형

| 대부분의 경우 | 동사원형에 -ing를 붙인다. look → looking, talk → talking, wait → waiting |
| --- | --- |
| -e로 끝난 경우 | e를 빼고 -ing를 붙인다. take → taking, make → making, dance → dancing |
| -ie로 끝난 경우 | ie를 y로 바꾸고 -ing를 붙인다. lie → lying, die → dying, tie → tying |
| '단모음 + 단자음' | 자음을 하나 더 쓰고 -ing를 붙인다. begin → beginning, forget → forgetting, run → running |

**다음 동사의 -ing형을 쓰시오.**

1. bake        – _____
2. begin       – _____
3. bend        – _____
4. bite        – _____
5. break       – _____
6. broadcast   – _____
7. build       – _____
8. burn        – _____
9. buy         – _____
10. catch      – _____
11. change     – _____
12. choose     – _____
13. climb      – _____
14. close      – _____
15. collect    – _____
16. come       – _____
17. cut        – _____
18. dance      – _____
19. deal       – _____
20. dive       – _____

21. draw       – _____
22. drink      – _____
23. drive      – _____
24. drop       – _____
25. eat        – _____
26. end        – _____
27. fall       – _____
28. find       – _____
29. fly        – _____
30. get        – _____
31. think      – _____
32. throw      – _____
33. tie        – _____
34. touch      – _____
35. give       – _____
36. go         – _____
37. grow       – _____
38. have       – _____
39. hear       – _____
40. help       – _____

41. hide    – _____

42. hit    – _____

43. hold    – _____

44. jump    – _____

45. keep    – _____

46. kick    – _____

47. lay    – _____

48. lean    – _____

49. learn    – _____

50. leave    – _____

51. lie(눕히다, 놓여 있다) – _____

52. lose    – _____

53. make    – _____

54. mean    – _____

55. miss    – _____

56. mistake    – _____

57. misunderstand    – _____

58. open    – _____

59. park    – _____

60. pay    – _____

61. pour    – _____

62. practice    – _____

63. train    – _____

64. understand    – _____

65. wake    – _____

66. wear    – _____

67. prove    – _____

68. push    – _____

69. quit    – _____

70. reach    – _____

71. read    – _____

72. repeat    – _____

73. rid    – _____

74. ride    – _____

75. ring    – _____

76. rise    – _____

77. roll    – _____

78. run    – _____

79. see    – _____

80. send    – _____

81. set    – _____

82. shop    – _____

83. show    – _____

84. sing    – _____

85. sit    – _____

86. sleep    – _____

87. smell    – _____

88. sound    – _____

89. speak    – _____

90. stand    – _____

91. stay    – _____

92. steal    – _____

93. strike    – _____

94. swim    – _____

95. teach    – _____

96. tell    – _____

97. wet    – _____

98. win    – _____

99. wonder    – _____

100. write    – _____

# Fragment 07 진행시제

**현재진행**: 일시적인 기간 동안의 계속, 상태, 습관 등을 나타낸다.

- He **is** now **swimming** in the river. 그는 지금 강에서 수영을 하고 있다.

**과거진행**: 특정한 과거를 기점으로 그 일이 진행되고 있었음을 나타낸다.

- They **were listening** to a concert. 그들은 연주회를 듣고 있었다.

## A 주어진 문장을 진행형으로 바꾸어 쓰시오.

1. Jenny reads a newspaper. → _____
2. They clean the windows. → _____
3. We watch movies. → _____
4. My mother washed the dishes. → _____
5. James plays on the computer. → _____
6. They made a special project. → _____
7. You listen to the music. → _____
8. The sun shines brightly. → _____
9. We looked at paintings yesterday. → _____
10. Ben stood in front of the store. → _____

## B 주어진 문장을 진행형으로 바꿀 때 빈칸에 알맞은 것을 쓰시오.

1. My grandma takes dance lessons.
   → My grandma _____ dance lessons.

2. The chairman stays at the Royal Prince Hotel.
   → The chairman _____ at the Royal Prince Hotel.

3. Mom bakes a strawberry cake at this moment.
   → Mom _____ a strawberry cake at this moment.

4. I ate a hamburger when you called me.
   → I _____ a hamburger when you called me.

5. The rude boy kicked the back of my chair.
   → The rude boy _____ the back of my chair.

# 절대 내신 문제

※ 정답 및 해설  p.012~014

[1~5] 주어진 단어의 과거형이 <u>잘못된</u> 것을 고르시오.

**01** ① meet − met
② jump − jumped
③ dance − danced
④ see − seed
⑤ sing − sang

**02** ① wake − woke
② write − wrote
③ upset − upseted
④ think − thought
⑤ strike − struck

**03** ① take − took
② throw − threw
③ spread − spread
④ meet − met
⑤ sit − sited

**04** ① lose − lost  ② leave − left
③ go − went  ④ think − thought
⑤ teach − teached

**05** ① run − ran  ② believe − believed
③ tell − told  ④ buy − buied
⑤ learn − learned

**06** 주어진 동사의 −ing형이 <u>잘못된</u> 것은?
① lie   − lying
② run   − runing
③ study − studying
④ come  − coming
⑤ swim  − swimming

**07** 주어진 동사의 3인칭 단수 현재형이 <u>잘못</u> 짝지어진 것은?
① do − does  ② be − is
③ have − has  ④ study − studys
⑤ pass − passes

**08** 밑줄 친 부분이 어법상 옳은 것은?
① Two men <u>passes</u> by me.
② The player <u>catches</u> the ball.
③ A lot of people <u>pushes</u> one another.
④ The women <u>teaches</u> us science and math.
⑤ Chris and his brother <u>washes</u> their father's car.

**09** 주어진 문장의 빈칸에 들어갈 가장 적절한 것은?

Don't make a noise. The baby _____.

① sleep  ② slept
③ is sleeping  ④ was sleeping
⑤ will sleep

**10** 주어진 우리말에 맞게 빈칸에 들어갈 말로 적절한 것은?

_____ she go to school yesterday?
그녀는 어제 학교에 갔었니?

① Do
② Is
③ Did
④ Was
⑤ Does

**11** 주어진 문장의 빈칸에 들어가기에 어법상 <u>어색한</u> 것은?

> Jenny _____ at 7:00 am.

① goes to school
② has breakfast
③ has taken a rest
④ listens to music
⑤ brushes her teeth

**12** 주어진 빈칸에 공통으로 들어갈 말로 적절한 것은?

> What are you _____ do this Sunday?
> I'm _____ go fishing tomorrow.

① go                ② went
③ going             ④ going to
⑤ gone

**13** 주어진 문장의 빈칸에 들어가기에 어법상 <u>어색한</u> 것은?

> I met my old friends _____.

① yesterday
② in 2008
③ last weekend
④ this Sunday
⑤ the day before yesterday

**14** 주어진 문장 중 어법상 올바른 것은?

① I doesn't do that.
② Does she has a son?
③ Do Chris and Mike like her?
④ Chris and James eats lunch together.
⑤ Mrs. Smith have a new car.

**15** 주어진 우리말을 가장 바르게 영작한 것은?

> James는 길을 건너고 있는 중이다.

① James is crossing the street.
② James were crossing the street.
③ James is going to cross the street.
④ James was crossing the street.
⑤ James crossed the street.

**16** 다음 중 밑줄 친 부분이 바르게 쓰인 것은?

① I <u>met</u> Tom yesterday.
② She <u>takes</u> a boat last year.
③ He <u>will study</u> English last night.
④ We <u>have</u> lunch with him next Sunday.
⑤ Mike <u>goes</u> to the movies last weekend.

**17** 주어진 빈칸에 들어갈 말이 나머지와 <u>다른</u> 하나는?

① _____ he angry then?
② When _____ the concert start?
③ Jenny _____ at the club last night.
④ James _____ not happy yesterday.
⑤ _____ Mr. Ben at the shop two hours ago?

**18** 주어진 대화의 빈칸에 올 수 <u>없는</u> 것은?

> A : What did you do last Monday?
> B : I _____.

① went to the park
② did my homework
③ study English
④ helped my brother
⑤ had a birthday party

**19** 주어진 문장을 현재진행형으로 바르게 바꾼 것은?

> Jenny drinks a glass of water.

① Jenny is drinks a glass of water.
② Jenny is drinking a glass of water.
③ Jenny is drunk a glass of water.
④ Jenny was drinking a glass of water.
⑤ Jenny were drinking a glass of water.

**20** 주어진 대화의 빈칸에 들어갈 적절한 것은?

> A : What did you do yesterday?
> B : _____

① I watch TV.
② I clean my room.
③ I did my homework.
④ I cook with my mom.
⑤ I go out with my girlfriend.

---

**[1-2]** 주어진 대화의 빈칸에 들어갈 알맞은 동사의 형태를 쓰시오.

1. A : Where did you go yesterday?
   B : I _____ to the park. (go)

2. A : What does your father usually do after dinner?
   B : My father usually _____ books after dinner. (read)

**3** 다음 두 문장의 의미가 같도록 빈칸을 채우시오.

What will you do at 8:00 p.m. tomorrow?
= What _____ at 8:00 p.m. tomorrow?

**4** 괄호 안에 주어진 동사를 문맥에 맞게 형태를 변형하여 쓰시오.

- James is a student. He _____ English. (study)
- The animal _____ through the water yesterday. (swim)
- She _____ to the music now. (listen)

**5** 우리말과 의미가 같도록 괄호 안에 주어진 말을 알맞은 순서로 배열하시오.

우리 지금 어디로 가는 거예요?
(are, now, we, heading, where)?
_____?

# 수능
# 절대 문항
# 맛보기

정답 및 해설 P. 014

**01** 다음 글의 밑줄 친 부분 중, 어법상 틀린 것은?

I ① <u>always express</u> that I have no sense of direction. I may have visited a place many times, but I still ② <u>get lost</u> on my way there. When I was young, ③ <u>I was very shy</u>. So I never asked complete strangers the way. I used to wander around in circles and hope that some miraculous chance ④ <u>will bring</u> me to my destination. But that ⑤ <u>didn't happen</u> too often.

**02** 다음 글의 밑줄 친 부분 중, 어법상 틀린 것은?

We ① <u>need not spend</u> much money on luxury club membership for our health. Climbing stairs is a good form of exercise. Anyone ② <u>can get</u> into good shape simply by climbing stairs. Stair-climbing ③ <u>helps</u> in weight loss; just walking up and down two floors of stairs a day instead of riding an elevator will take off six pounds a year. Besides, climbing stairs ④ <u>is</u> good for the heart and can prevent heart attacks. And frequent stair-climbing strengthens the muscles of the legs. My friend, James always ⑤ <u>climb</u> stairs for healthy legs.

Chapter
03

# 조동사

# 조동사의 기본적인 사항

## 조동사의 역할: 동사의 의미를 덧붙여 도와주는 역할

I **can** drive. 나는 운전할 수 있다.
= I have the ability to drive.

I **might** drive to work. 나는 차를 몰고 일하러 가야 할 것이다.
= Maybe I will drive to work.

## 조동사의 위치: 긍정문과 부정문 모두 주어 다음에 온다.

I **can** drive a car. 나는 차를 운전할 수 있다.
I **cannot** drive a car. 나는 차를 운전할 수 없다.
John **might** ride his bicycle. John은 그의 자전거를 탈 것이다.
John **might not** ride his bicycle. John은 그의 자전거를 타지 않을 것이다.

## 조동사 뒤에는 동사원형이 오며, 3인칭 단수 주어가 와도 그대로 원형이 온다.

We **might drive** there. 우리는 거기에 운전해 갈 것이다.
We **might to drive** there. (x)

Anne **can** drive a car. Anne은 차를 운전할 수 있다.
Anne **can** drives a car. (x)

## 조동사의 의문문

| 의문문 | 대답 | 주어 | 동사원형 | |
|---|---|---|---|---|
| 짧은 답변 | Yes, | 대명사 주어 | 조동사 | |
| | No, | 대명사 주어 | 조동사 | not |

- **Should** I buy that car? 그 차를 내가 사는 게 좋을까요?
  → Yes, you **should**. 그래, 사는 게 좋겠어.
  → No, you **should not/shouldn't**. 아니, 사지 않는 게 좋겠어.

**A** 주어진 괄호 안에서 알맞은 말을 고르시오.

1. You (must go, must going) there early.

2. We (can speak, speak can) English.

3. She should (work, works) late.

4. He (may be not, may not be) a doctor.

5. She (can, cans) make pizza.

6. Jenny cannot (play, does play) the piano well.

7. You should (tell, told) her about it.

8. They (can go, can will go) on a picnic tomorrow.

9. Dana (can't find, can find not) the house.

10. We must (be, been) ready for an exam.


**B** 주어진 문장을 부정문으로 바꾸시오.

1. He could drive a car. → _____

2. You must go there. → _____

3. The news may be true. → _____

4. You may borrow my book. → _____

5. I can solve this problem. → _____

6. She can speak Chinese. → _____

7. You can play games with this phone. → _____


**C** 주어진 문장을 의문문으로 바꾸시오.

1. I will call him. → _____

2. He can help his mother. → _____

3. I will be seventeen years old next year. → _____

4. James must go there now. → _____

5. I will go fishing tomorrow. → _____

6. Jenny will buy the dress. → _____

7. You can watch the game. → _____

# Fragment 02 may(might)

may와 might는 현재와 미래의 가능성, 허가의 의미를 나타낸다.

Jack's not here. He **may** be in the cafeteria. Jack은 여기에 없다. 그는 학교 식당에 있을 것이다.
The weather is nice, so I **might** walk home tonight. 날씨가 좋아서 오늘 집에 걸어갈 것이다.
You **may** go home now. 너는 지금 집에 가도 좋다.

may의 부정은 may not, might의 부정은 might not인데 일반적으로 이런 부정의 형태는 축약하지 않는다.

That **may** be possible. 그것은 가능할 것이다.
That **may not** be possible. 그것은 가능하지 않을 것이다.
They **might** swim. 그들은 수영해도 좋다.
They **might not** swim. 그들은 수영해서는 안 된다.

허가를 묻는 표현에 대한 대답으로 yes, no를 써서 표현할 수 있다. 이때 좀 더 강한 의미의 거절을 나타낼 때는 must가 may 대신 쓰인다.

**May** I use your car? 네 차 좀 써도 되겠니?
- Yes, you **may**. 그래, 좋아.
- No, you **may not**. 아니, 안 돼.
- No, you **must not**. 아니, 절대로 안 돼.

**주어진 문장에 쓰인 may의 의미와 같은 것을 보기에서 골라 그 기호를 쓰시오.**

| 보기 | ⓐ May I help you? |
| | ⓑ She may be late. |

1. You may not smoke there. _____
2. She may be 20 years old. _____
3. May I borrow this pen? _____
4. You may take a rest. _____
5. She may be honest. _____
6. They may be basketball players. _____
7. The dog may be hungry. _____
8. You may use my laptop. _____
9. He may come in a minute. _____
10. May I speak to Mr. James? _____

# can(could)

can은 능력, 가능, 허가를 나타내며 과거형은 could이다.

He **can** read books. 그는 책을 읽을 수 있다.
Jane **could** swim. Jane은 수영을 할 수 있었다.
James, **can** I use your pen? James, 너의 펜을 쓸 수 있을까?
I **could** not remember his name. 나는 그의 이름을 기억할 수 없었다.

can으로 물어보는 질문에 대해서 yes, no로 답할 수 있다.

**Can** you speak Russian? 러시아어를 할 수 있니?
- Yes, I **can**. 응, 할 수 있어.
- No, I **cannot**. = No, I **can't**. 아니, 할 수 없어.

가능을 나타내는 can은 be able to로 바꾸어 쓸 수 있다. 미래를 나타내는 경우 주로 will be able to~로 쓰인다.

We **can** speak English. 우리는 영어를 말할 수 있다.
= We **are able to** speak English.
The baby **will be able to** walk next month. 그 아이는 다음 달이면 걸을 수 있을 것이다.

**주어진 문장의 밑줄 친 부분을 be able to를 써서 고치시오.**

1. You <u>can</u> drink a cup of coffee. → _____

2. I <u>can</u> understand his speech. → _____

3. They <u>could</u> send e-mails. → _____

4. We <u>couldn't</u> buy the expensive house. → _____

5. She <u>can</u> find an exit easily. → _____

6. <u>Can you</u> solve the problem in a minute? → _____

7. My father <u>couldn't</u> play the piano. → _____

8. James <u>can't</u> memorize our phone numbers. → _____

9. Jenny <u>can't</u> use a smart phone. → _____

10. He <u>could</u> make Chinese dishes. → _____

# will(would)

**Fragment 04**

will은 미래, 주어의 의지나 고집, 부탁 등을 나타낸다.

It **will** be fine next week. 다음 주에는 날씨가 맑을 것이다.
He **will** have his own way. 그는 자기 자신의 방식대로 할 것이다.
**Will** you please hold this box, Jina? Jina, 이 상자 좀 잡아 줄래?

would는 정중한 부탁이나 권유, 과거의 불규칙한 습관에 쓰인다.

**Would** you mind opening the window? 창문을 열어도 될까요?
**Would** you call me? 나에게 전화 할래?
- Yes, I **will**. 그래 할게.        - No, I **will not**. / No, I **won't**. 아니 못 해.
He **would** often sit up late. 그는 종종 늦게까지 안 자곤 했다.

**괄호 안에 주어진 어휘를 이용하여 우리말에 맞게 문장을 완성하시오.**

1. 조용히 좀 해주시겠습니까?
   _____ quiet? (you, please, will, be)

2. 곧 나는 그 프로젝트를 끝낼 것이다.
   _____ the project soon. (I, finish, will)

3. 그는 방과 후에 축구를 하곤 했다.
   _____ after school. (soccer, he, play, would)

4. 이 방에 머물 것입니까?
   _____ in this room? (you, will, stay)

5. 차를 태워 주시겠습니까?
   _____ me up? (you, would, pick)

6. 소금 좀 주시겠습니까?
   Would _____ the salt? (passing, you, mind, me)

7. 나는 오늘 밤에 외출할 것이다.
   _____. (I, this evening, will, go out )

8. 그녀는 그 컴퓨터를 사지 않을 것이다.
   _____ the computer. (buy, she, won't)

9. 어렸을 때, 할머니 댁에 방문하곤 했다.
   When I was young, I _____.(come to, would, see, grandmother)

10. 커피 한잔 하시겠습니까?
    _____ a cup of coffee? (you, like, would)

# Fragment 05 must

추측이나 의무, 필요성 등을 나타낸다. **have to**와 같은 의미이다.

He **must** be a fool. 그는 바보임에 틀림없다.
You **must** speak loudly. 너는 크게 말해야만 한다.
= You **have to** speak loudly.

부정의 형태는 **must not**인데, **don't have to**와 다른 의미이므로 잘 알아두어야 한다. **must not**은 허가되지 않은 것(~해서는 안 된다), **don't have to**는 필요하지 않은 것(~할 필요가 없다)에 쓰인다.

You **must not** be late for school. 너는 학교에 지각하지 말아야 한다.
She **doesn't have to** stay here. She can leave. 그녀는 여기를 머물 필요가 없다. 그녀는 떠나도 된다.

**A** 같은 의미가 되도록 have(has, had) to를 이용하여 고쳐 쓰시오.

1. We must move to Seoul. = We _____ move to Seoul.

2. She must pass the exam. = She _____ pass the exam.

3. You must do your best. = You _____ do your best.

4. I must cut the tree yesterday. = I _____ cut the tree yesterday.

5. They must watch the game. = They _____ watch the game.

6. Jenny must take some exercise. = Jenny _____ take some exercise.

7. My sister must practice her violin. = My sister _____ practice her violin.

8. I must read the newspaper. = I _____ read the newspaper.

9. James must run upstairs fast. = James _____ run upstairs fast.

10. I must keep a promise. = I _____ keep a promise.

**B** 주어진 우리말에 맞게 must (not)이나 (don't) have to를 넣어 문장을 완성하시오.

1. 너는 그의 문제에 대해 걱정할 필요가 없다. → You _____ worry about his problem.

2. 너는 그 상자를 부셔서는 안 된다. → You _____ break the box.

3. 그는 당장 그 일을 하지 않아도 된다. → He _____ do it at once.

4. 그녀는 약속을 어겨서는 안 된다. → She _____ break a promise.

5. 너는 전화를 다시 할 필요는 없다. → You _____ call again.

# shall, should, had better

shall은 상대방의 의향을 묻거나 권유를 나타낼 때 쓰인다.

**Shall** we dance? 춤추실까요?
**Shall** we go now? 지금 갈까요?

should는 당연한 의무나 허락, 조건을 나타낼 때 쓰인다.

You **should** drive more carefully. 너는 좀 더 주의 깊게 운전을 해야 한다.
We **shouldn't** smoke near the gas tank. 우리는 가스탱크 근처에서 담배를 피우면 안 된다.
**Should** I buy that house? 내가 그 집을 살 수 있습니까?
- Yes, you **should**. 네, 살 수 있습니다.
- No, you **should not/shouldn't**. 아니오, 그럴 수 없습니다.

had better는 강한 충고나 권유를 나타낼 때 쓰인다. 부정은 had better 다음에 not을 붙인다.

You **had better** invite Jenny to the party. 너는 파티에 Jenny를 초대하는 것이 좋겠다.
We**'d better not** take a taxi. 우리는 택시를 타지 않는 것이 좋겠다.

**우리말에 맞게 주어진 단어와 shall, should, had better를 넣어 문장을 완성하시오.**

**1.** 학교에 걸어서 가는 것이 낫겠다.
   I _____ to school on foot. (go)

**2.** 나는 오늘 밤 친구들을 만나야만 한다.
   I _____ my friends tonight. (meet)

**3.** 내일 바쁠 것 같아서, 일찍 잠자리에 드는 것이 좋을 것 같다.
   Tomorrow I will be busy, so I _____ to bed early. (go)

**4.** 너는 다른 사람들에게 친절해야만 한다.
   You _____ kind to other people. (be)

**5.** 우리는 시간을 낭비해서는 안 된다.
   We _____ our time. (waste)

**6.** 오늘 밤 여기에서 묵지 않는 것이 좋겠다.
   I _____ here tonight. (stay)

**7.** 주스 좀 가져다 드릴까요?
   _____ you some juice? (I, bring)

# 절대 내신 문제

※ 정답 및 해설  p.016~018

**01** 주어진 문장의 빈칸에 들어갈 가장 적절한 것은?

> We can _____ the bus.

① take          ② takes
③ be take      ④ are take
⑤ are takes

**02** 주어진 대화의 빈칸에 들어갈 가장 적절한 것은?

> A : _____ we go swimming?
> B : OK. Let's go.

① Will          ② Shall
③ Do            ④ Can
⑤ Should

**03** 주어진 문장의 빈칸에 들어갈 가장 적절한 것은?

> Jenny _____ often sing a song when she was free.

① will          ② should
③ would        ④ used
⑤ have

**04** 다음 빈칸에 공통으로 들어갈 말로 가장 적절한 것은?

> How _____ I get the ticket?
> You _____ take the bus on time.
> You _____ easily find your goal.

① does          ② shall
③ can            ④ have
⑤ are going

**05** 주어진 문장의 빈칸에 들어갈 가장 적절한 것은?

> We _____ buy some food. We have nothing for dinner.

① can            ② can't
③ must          ④ mustn't
⑤ need not

**06** 주어진 대화의 밑줄 친 부분의 의미로 가장 적절한 것은?

> A : I'm very hungry.
> B : You'd better have something.

① 불만          ② 충고
③ 위로          ④ 비교
⑤ 동의

**07** 다음 중 어법상 바르게 쓰인 것은?

① He'd better finishes the work.
② We should kept the rules.
③ He had buy a car.
④ I have to hiking this weekend.
⑤ She may be a student.

**08** 주어진 빈칸에 들어갈 말로 가장 적절한 것은?

> Don't speak loudly. Jenny is sleeping.
> You _____ be quiet.

① can            ② may
③ may not      ④ should
⑤ should not

**09** 다음 빈칸에 공통으로 들어갈 말로 가장 적절한 것은?

> You _____ be on time.
> You _____ not do such a mean thing.

① may ② are
③ should ④ would
⑤ could

**10** 주어진 문장의 빈칸에 공통으로 들어갈 말로 가장 적절한 것은?

> We _____ not eat it; the cork _____ not be opened.

① would ② should
③ could ④ might
⑤ used

[11~12] 주어진 대화의 빈칸에 들어갈 말로 알맞은 것을 고르시오.

**11**
> A: Can we park here?
> B: No. This is a no-parking zone.
>   We _____ park here.

① will ② must
③ could ④ must not
⑤ used not to

**12**
> A: You look tired.
> B: Yes. I _____ sleep well last night.

① can't ② couldn't
③ must not ④ would not
⑤ didn't have to

**13** 주어진 우리말을 바르게 영작한 것은?

> 너는 지금 네 숙제를 끝내야 한다.

① You'll finish your homework now.
② You can finish your homework now.
③ You may finish your homework now.
④ You must finish your homework now.
⑤ You would finish your homework now.

**14** 주어진 두 문장의 뜻이 같도록 할 때 빈칸에 가장 적절한 것은?

> I _____ play the violin very well.
> = I am able to play the violin very well.

① may ② used
③ can ④ will
⑤ would

**15** 주어진 밑줄 친 부분이 어법상 잘못된 것은?

① They <u>shouldn't</u> break the promise.
② <u>You'll get</u> his letter tomorrow.
③ <u>Will you</u> play tennis after school?
④ She <u>won't not</u> know his name.
⑤ <u>What are you</u> going to draw?

**16** 주어진 문장을 부정문으로 바르게 고친 것은?

> The news may be true.

① The news may not be true.
② The news isn't true.
③ The news won't be true.
④ The news need not be true.
⑤ The news can't be true.

**17** 주어진 두 문장이 서로 의미가 같지 <u>않은</u> 것은?

① He must be honest. = He has to be honest.
② I don't have to get up early.
   = I must not get up early.
③ You may use my car.
   = You can use my car.
④ She will go to school soon.
   = She is going to go to school soon.
⑤ You can do it. = You are able to do it.

**18** 주어진 문장의 빈칸에 공통으로 들어갈 가장 적절한 것은?

> _____ you do me a favor?
> I _____ write to you tomorrow.

① Shall(shall)    ② May(may)
③ Have(have)    ④ Will(will)
⑤ Must(must)

**19** 주어진 대화의 의미에 맞게 빈칸에 들어갈 가장 적절한 것은?

> A: Jenny has a headache.
> B: She _____ go to the hospital.
> 그녀는 병원에 가 봐야 한다.

① used    ② must
③ can    ④ will
⑤ may

**20** 주어진 대화의 빈칸에 들어갈 가장 적절한 것은?

> A : Can you speak Korean?
> B : _____ But I can speak English well.

① Yes, I can.    ② Yes, I do.
③ No, I don't.    ④ No, I can't.
⑤ Yes, you can.

## 서술형 주관식 문제

**1** 주어진 문장의 밑줄 친 부분을 어법에 맞게 고쳐 쓰시오.

I was tired last night, but I <u>can't</u> sleep well.

**2** 주어진 대화의 빈칸에 적절한 말을 쓰시오.

A : Will they go to New York?
B : _____, _____ _____.
   They will go to Los Angeles.

**3** 주어진 두 문장이 같은 뜻이 되도록 괄호 안의 단어를 이용하여 빈칸을 채우시오.

Don't play computer games so often.
= You _____ play computer games
  so often. (should)

**4** 주어진 두 문장이 같은 뜻이 되도록 빈칸을 채우시오.

You must do your homework for yourself.
= You _____ _____ do your homework
  for yourself.

**5** 주어진 대화에서 어법상 <u>어색한</u> 부분을 찾아 바르게 고쳐 쓰시오.

A: This letter is in French, and I can't
  read it. Can you help me?
B: Sure. I tell will you the meaning.
_____

# 수능 절대 문항 맛보기

정답 및 해설 P. 018

## 01

다음 글의 밑줄 친 부분 중, 어법상 틀린 것은?

We believe home ① might be the safest place. But many accidents may happen in the house. ② It takes only a second for a person to cut himself. He may ③ burn himself or stumble and ④ falls over something. Cuts, burns and bruises are three accidents which ⑤ happen most often to children. One of these accidents may happen in your home.

## 02

다음 글의 밑줄 친 부분 중, 어법상 틀린 것은?

Elephants have a very long nose, a trunk. They ① use their trunks to shake the trees and ② pull off the fruit and leaves. Because elephants have their long noses, they put food into their mouths. An elephant ③ can gives itself a bath with its trunk. It carries water in through its nose. The water comes out ④ all over the elephant's body. However they can't always find fresh water, then they take a mud bath. The trunk ⑤ is used to put on mud. When an elephant has a cut, the cool mud makes the cut feel better.

# 부정사

# to부정사와 명사적 용법

to부정사는 'to + 동사원형'의 형태로 필요에 따라서 명사, 형용사, 부사로 모두 쓰일 수 있는 것을 말한다.

He has no friends **to help** him. 그를 도와줄 친구가 한 명도 없다.
He decided **to go** abroad. 그는 외국에 나갈 결심을 했다.

**명사적 용법:** 문장에서 주어, 보어, 목적어 역할을 한다. to부정사가 주어로 쓰이면 앞에 가주어 it을 쓰고 뒤로 보낸다.

**To see** is to believe. 보는 것이 믿는 것이다.
**To be an announcer** is her dream. 아나운서가 되는 것이 그녀의 꿈이다. - 주어
= **It** is her dream **to be an announcer.**

'의문사 + to부정사'는 동사의 목적어 역할을 하며 '~할지'의 뜻이다.

She didn't know **what to do** then. 그녀는 그리고 무엇을 할지 몰랐다.
= She didn't know **what she should do** then.

**A** 주어진 두 문장이 같은 뜻이 되도록 빈칸에 들어갈 적절한 말을 쓰시오.

1. To make friends is not easy. = ＿＿＿＿＿＿ not easy ＿＿＿＿＿＿ friends.

2. To understand each other is difficult.
   = ＿＿＿＿＿＿ difficult ＿＿＿＿＿＿ each other.

3. To win the game was impossible.
   = ＿＿＿＿＿＿ impossible ＿＿＿＿＿＿ the game.

4. To make noise is not good. = ＿＿＿＿＿＿ not good ＿＿＿＿＿＿ noise.

5. To cross the street is dangerous. = ＿＿＿＿＿＿ dangerous ＿＿＿＿＿＿ the street.

6. To take a trip is my plan. = ＿＿＿＿＿＿ my plan ＿＿＿＿＿＿ a trip.

7. To watch movies is much fun. = ＿＿＿＿＿＿ much fun ＿＿＿＿＿＿ movies.

8. To smoke is bad for health. = ＿＿＿＿＿＿ bad for health ＿＿＿＿＿＿ .

9. To persuade him is useless. = ＿＿＿＿＿＿ useless ＿＿＿＿＿＿ him.

10. To play basketball is a lot of fun.
    = ＿＿＿＿＿＿ a lot of fun ＿＿＿＿＿＿ basketball.

**B** 주어진 우리말에 맞게 괄호 안의 단어를 이용해서 문장을 완성하시오.
(단, 의문사 when, where, what, how를 반드시 쓸 것)

1. 너가 Mr. T에게 어디에 갈지 물었니?
   Did you ask Mr. T _____ (go)?

2. 나는 공을 어디에서 얻는지 모른다.
   I don't know _____ (get) a ball.

3. 나는 너에게 무엇을 하는지 말할 수 있다.
   I can tell you _____ (do).

4. 그는 나에게 그 상자를 여는 법을 보여 주었다.
   He showed me _____ (open) the box.

5. 나는 컴퓨터를 사용하는 법을 안다.
   I know _____ (use) the computer.

6. 그는 언제 멈춰야 할지 모른다.
   He doesn't know _____ (stop).

7. 낚시하는 방법을 알려 줘.
   Show me _____ (fish).


**C** 주어진 문장에 쓰인 to부정사와 의미와 같은 것을 보기에서 골라 그 기호를 쓰시오.

> 보기  ⓐ To make cookies is not difficult.
> ⓑ She decided to study hard.
> ⓒ My job is to sell old cars.

1. To learn how to play games is interesting. _____
2. We are planning to travel together. _____
3. My dream is to be a scientist. _____
4. To play baseball is very exciting. _____
5. To jog every day is good for health. _____
6. My wish is to travel Europe. _____
7. To swim in the pool is very fun. _____
8. He likes to talk with teachers. _____
9. Jenny's hobby is to play tennis. _____
10. I want to see a doctor. _____

# Fragment 02 형용사적 용법

**형용사적 용법**: 주로 명사 뒤에 놓이며 명사를 수식한다.

He has a large family **to support**. 그는 부양할 대가족이 있다.
Barbie had no book **to read**. Barbie는 읽을 책이 없다.
I need water **to drink**. 나는 마실 물이 필요하다.

**보기와 괄호에 주어진 단어와 to부정사를 이용하여 문장을 완성하시오.**

> **보기** promise, mountains, works, friends, place,
> shoes, something, story, chair, letters

1. 나는 지킬 약속이 있다.
   I have a _____. (keep)

2. 나는 해야 할 일들이 있다.
   I have _____. (do)

3. 그는 같이 놀 많은 친구가 있다.
   He has many _____ with. (play)

4. 그 카페는 그녀를 만날 좋은 장소이다.
   The cafe is a good _____ her. (meet)

5. 스위스에는 오를 만한 산이 많다.
   There are many _____ in Swiss. (climb)

6. 마실 것 좀 주세요.
   Give me _____. (drink)

7. 너에게 말할 이야기가 있다.
   I have a _____ you. (tell)

8. 그는 앉을 만한 의자를 발견했다.
   He found a _____ on. (sit)

9. 그녀는 보내야 할 편지들을 잃어버렸다.
   She lost the _____. (send)

10. 나는 신을 구두를 원한다.
    I want _____. (wear)

# 부사적 용법

**부사적 용법**: 동사 · 형용사를 수식하며 목적, 원인, 이유, 결과 등을 나타낸다.

Tim came here **to study** Korean. Tim은 한국말을 배우기 위해 여기에 왔다. – 목적
I was surprised **to see** her. 나는 그녀를 만나서 놀랐다. – 감정의 원인
This water is not good **to drink**. 이 물은 마시기에 좋지 않다. – 판단의 이유
She grew up **to be** a singer. 그녀는 자라서 가수가 되었다. – 결과

**괄호 안에 주어진 어휘를 이용하여 우리말에 맞게 문장을 완성하시오.**

1. 그는 그녀를 만나 행복했다.
   He was _____. (see, to, happy, her)

2. Tom은 어제 나를 만나러 왔다.
   Tom _____ me yesterday. (to, came, meet)

3. 그는 자라서 선생님이 되었다.
   He _____ a teacher. (to, grew up, become)

4. 이 문제는 풀기에 쉽지 않다.
   This problem is not _____. (to, easy, solve)

5. 그렇게 말하다니 그는 바보임에 틀림없다.
   He must _____ such a thing. (to, say, be, a fool)

6. 나는 더 잘 보기 위해서 안경을 썼다.
   I _____ better. (to, see, wear, glasses)

7. James 씨는 90세까지 살았다.
   Mr. James _____ 90 years old. (to, lived, be)

8. 나는 그 시험을 통과하기 위해서 열심히 공부했다.
   I _____ the exam. (to, pass, studied, hard)

9. 그는 질문을 하기 위해서 손을 들었다.
   He _____ a question. (to, raised, a hand, ask)

10. 나는 그가 실패했다는 소식을 듣고 놀랐다.
    I _____ his failure. (was, to, surprised, hear)

# 원형부정사

**지각동사의 목적격보어로 쓰인 원형부정사**: see(보다), hear(듣다), feel(느끼다) 등의 지각동사는 '지각동사 + 목적어 + 목적격보어'로 쓰이는데, 이때 목적격보어로 원형부정사가 쓰인다.

I saw him **laugh**. 나는 그가 웃고 있는 것을 보았다.

※ 동작의 진행을 강조하는 경우 목적격보어로 현재분사도 올 수 있다.

I heard him **coming** up to me. 나는 그가 나에게 오는 것을 들었다.

**사역동사의 목적격보어**: make, let, have, help 등의 '시키다'라는 의미의 사역동사는 '사역동사 + 목적어 + 목적격보어'로 쓰이는데, 이때 목적격보어로 원형부정사를 쓴다. help는 to부정사를 목적격보어로 취하기도 한다.

He made us **enter** the room. 그는 우리에게 방에 들어가도록 시켰다.

**A** 주어진 괄호 안에서 알맞은 말을 고르시오.

1. I saw a dog (bite, to bite) my bag.

2. They watched their son (win, to win) the race.

3. I heard Jenny (cry, to cry) out in the garden.

4. James helped me (do, doing) the homework.

5. We listened to him (play, to play) the piano.

6. I had him (wash, washed) my car.

7. Ms. Brown let me (go, to go) there.

8. Fred helped his wife (wash, washed) the dishes.

9. My boyfriend makes me (laugh, laughing).

10. My parents make me (keep, to keep) all my things in my room.

11. It is not easy (writing, to write) a letter.

12. I have something (tell, to tell) you.

13. Let me (show, to show) you the answer.

14. Jenny hopes (to see, to seeing) you again.

15. James wants (study, to study) design abroad.

16. My teacher had us (clean, to clean) our hairs.

17. Rook has something (shows, to show) you.

18. We decided (take, to take) a picture.

19. We eat to live but do not live (eat, to eat).

20. They (to do promised, promised to do) exercise every morning.

## B 괄호 안에 주어진 어휘를 이용하여 문장을 완성하시오.

1. 나는 한 남자가 길을 건너는 것을 보았다.
   I _____ the street. (saw, cross, a man)

2. 나는 누군가 "불이야!"라고 외치는 것을 들었다.
   I _____ 'Fire!' (shout, heard, someone)

3. 그는 내가 기말고사에 통과하도록 도와주었다.
   He _____ the final exam. (helped, pass, me)

4. 그 선생님은 우리에게 일기를 쓰도록 시켰다.
   The teacher _____ a diary. (keep, made, us)

5. 그는 여종업원에게 테이블을 치우도록 시켰다.
   He _____ the table. (clean, the waitress, had)

6. Sam은 나에게 아침 일찍 일어나도록 시켰다.
   Sam _____ early in the morning. (get up, me, let)

7. 나는 가슴이 빨리 뛰는 것을 느꼈다.
   I _____ faster. (my heart, felt, beat)

8. 나는 거기에 영화배우 한 명이 서 있는 것을 보았다.
   I _____ there. (watched, standing, a movie star)

9. 우리는 새들이 노래하는 것을 들었다.
   We _____. (the birds, sing, listened to)

10. 내 사랑 이야기를 들려 줄게.
    _____ you about my love story. (tell, let, me)

# 절대 내신 문제

**01** 다음 문장의 밑줄 친 부분과 쓰임이 같은 것은?

> The woman began to cry.

① We eat to live.
② Nice to meet you.
③ I'm happy to stay here.
④ Jenny learned to play basketball.
⑤ The man went there to visit his grandfather.

**02** 주어진 문장의 빈칸에 공통으로 알맞은 것은?

> _____ the game is very fun.
> I want _____ the guitar with you.

① P(p)lay
② P(p)laying
③ T(t)o play
④ P(p)layed
⑤ T(t)o playing

**[3~4]** 주어진 문장의 밑줄 친 부분이 어법상 어색한 것을 고르시오.

**03** ① She enjoyed to swim.
② I want to buy a car.
③ He doesn't know what to do.
④ I like to play with my friends.
⑤ She told me when to start.

**04** ① I don't know where to go.
② Do you know how to driving?
③ Please tell me what to wear.
④ She taught me how to do it.
⑤ Did he tell you when to come back?

**05** 주어진 문장의 빈칸에 알맞은 것은?

> _____ basketball is exciting.

① To play       ② Played
③ The play      ④ Play
⑤ A play

**06** 주어진 문장의 밑줄 친 부분이 어법상 어색한 것은?

① I want to be a teacher.
② I want something to drink.
③ I want you to be kind.
④ I want to going home.
⑤ I want money to buy it.

**07** 주어진 우리말을 바르게 영작한 것은?

> 나는 어디로 가야 할지 모르겠다.

① I don't know where.
② I don't know where go.
③ I don't know where to go.
④ I don't know where it is.
⑤ I don't know where to.

**08** 주어진 대화의 빈칸에 알맞은 말끼리 짝지어진 것은?

> A: I'd like _____ a new I-pad.
> B: You should _____ money.

① buy − save
② buy − to save
③ to buy − to save
④ to buy − save
⑤ to buy − saving

※ 정답 및 해설 p.020~022

**09** 주어진 우리말에 맞도록 빈칸에 알맞은 것은?

> _____ is helpful to use this website.
> 이 웹사이트를 이용하는 것은 도움이 된다.

① So
② It
③ That
④ This
⑤ What

**10** 주어진 문장의 밑줄 친 부분을 알맞게 고친 것은?

> They asked me help their mom.

① help
② helps
③ helping
④ helped
⑤ to help

**11** 주어진 문장의 밑줄 친 부분과 쓰임이 같은 것은?

> I went to the store to buy some clothes.

① She went there to help them.
② I want to run a company.
③ Would you like something to eat?
④ What would you like to drink?
⑤ To brush your teeth is good for health.

**12** 주어진 문장의 밑줄 친 부분이 어법상 어색한 것은?

> I got up late this morning. I didn't have
>   ①     ②        ③              ④
> time wash the dishes.
>      ⑤

**13** 주어진 문장의 밑줄 친 곳에 들어가기에 어색한 것은?

> He _____ to sell the computer.

① wanted
② decided
③ hoped
④ gave up
⑤ liked

**14** 주어진 문장의 밑줄 친 부분이 어법에 맞게 짝지어진 것은?

> It is important for him _____ honest.
> I want you _____ for me.

① is − smiling
② to be − to smile
③ being − smile
④ to be − smile
⑤ being − to smile

**15** 주어진 우리말에 맞게 밑줄 친 곳에 들어갈 가장 적절한 것은?

> Ben has no friends _____.
> Ben은 같이 놀아 줄 친구가 없다.

① played
② to play
③ to play with
④ play with
⑤ to play together

**16** 주어진 문장 중 어법상 어색한 것은?

① Stop smiling!
② Let's go hiking.
③ James is good at playing soccer.
④ He decided becoming a teacher.
⑤ How about watching TV?

**17** 주어진 문장의 밑줄 친 부분의 쓰임이 <u>다른</u> 하나는?

① I need something <u>to help</u> my mother.
② I have a piano <u>to play</u>.
③ I have a lot of homework <u>to do</u>.
④ He has many brothers <u>to visit</u>.
⑤ I hope <u>to visit</u> Europe.

**18** 주어진 문장의 빈칸에 공통으로 알맞은 것은?

Please tell me when _____ start.
Let's decide where _____ go.

① of            ② to
③ for           ④ in
⑤ into

**19** 다음 문장에서 어법상 <u>어색한</u> 것은?

① She came to seeing me.
② Jenny wants to wear the beautiful dress.
③ He doesn't know what to do.
④ I like to cook for my wife.
⑤ James told me where to go.

**20** 주어진 문장에 밑줄 친 부분에 들어갈 동사의 형태로 알맞게 짝지어진 것은?

Let's go _____!
I saw him _____.

① to shop − to run
② to shop − running
③ shop − running
④ shopping − to run
⑤ shopping − run

**1** 주어진 우리말에 맞게 밑줄 친 곳에 들어갈 가장 적절한 것을 쓰시오.

I want to learn how _____ _____.
나는 춤추는 것을 배우고 싶다.

**2** 괄호 안의 주어진 말을 순서대로 배열하여 빈칸을 완성하시오.

(to / me / take / for / pictures)
It is a very natural thing _____
_____.

**3** 우리말에 맞게 주어진 단어를 활용하여 문장을 완성하시오.

His _____ is _____ great restaurants.
(job, find)
그의 직업은 훌륭한 음식점을 찾아내는 것이다.

**[4-5]** 주어진 우리말에 맞게 빈칸에 들어갈 말을 넣어 문장을 완성하시오.

4. Can you tell me _____ _____
turn off the switch?
그 스위치를 끄는 방법을 알려 주시겠습니까?

5. Tell me _____ _____ buy for him.
그를 위해 무엇을 살지 말해 줘.

# 수능 절대 문항 맛보기

정답 및 해설 P. 022

## 01

**다음 글의 밑줄 친 부분 중, 어법상 틀린 것은?**

Then I ① <u>decided to get</u> back to my hotel for lunch. After walking about for some time, I ② <u>determined to ask</u> the way. The trouble was that the only word I knew of the language was the name of the street in which I lived - and even that I ③ <u>to pronounce</u> badly. The person I asked was an old lady who was buying vegetables. She was very hard of hearing and I repeated the word several times. When ④ <u>she finally heard me</u>, she seemed to take offence and ⑤ <u>began shouting and shaking</u> her walking-stick at me.

## 02

**다음 글의 밑줄 친 부분 중, 어법상 틀린 것은?**

Why tough teachers get ① <u>good results</u>? They look so scary but have a love for children. When ② <u>I was a child</u>, I met a tough teacher. I was soon so under the spell of the teacher that I asked my mother to transfer me to her English class as well. There, in her cultivating manner, she drilled us on grammar and ③ <u>made me falling</u> in love with literature. I was fascinated by the way ④ <u>she could read</u> a story and then ⑤ <u>open it up</u> like a fan, displaying its varied colors and meanings.

MEMO

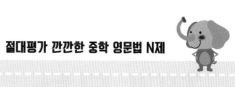

절대평가 깐깐한 중학 영문법 N제

Chapter
05

# 동명사

# 동명사의 역할

동명사는 '동사 + ing'의 형태로 명사(주어, 목적어, 보어)와 같은 역할로 쓰인다.

**Playing** basketball is fun. 농구하는 것은 재미있다.
Mother likes **swimming** in the sea. 어머니는 바다에서 수영하는 것을 좋아하신다.
My dream is **becoming** a lawyer. 나의 꿈은 변호사가 되는 것이다.

**주어진 문장에 밑줄 친 동명사와 쓰임이 같은 것을 보기에서 골라 그 기호를 쓰시오.**

**보기**
ⓐ <u>Speaking</u> French well is really hard.
ⓑ My brother enjoys <u>playing</u> basketball.
ⓒ She's good at <u>cooking</u>.
ⓓ My goal is <u>becoming</u> a good father.

1. Thank you for <u>inviting</u> me. _____
2. Our goal is <u>winning</u> the championship. _____
3. <u>Listening</u> to the music is boring. _____
4. His hobby is <u>riding</u> horses. _____
5. She likes <u>writing</u> letters to friends. _____
6. <u>Drawing</u> flowers is not easy. _____
7. <u>Being</u> kind to other is good. _____
8. My dream is <u>traveling</u> in Europe. _____
9. We enjoy <u>talking</u> about the topic. _____
10. <u>Playing</u> baseball is very interesting. _____
11. I'm interested in <u>making</u> robots. _____
12. He is thinking of <u>buying</u> a new MP3. _____
13. John finished <u>writing</u> a report. _____
14. His job is <u>teaching</u> English to children. _____
15. I am tired of <u>working</u> lately. _____
16. <u>Studying</u> abroad is very difficult. _____

# to부정사, 동명사를 목적어로 쓰는 동사

**동사 + to부정사**: agree, choose, decide, expect, hope, learn, manage, plan, pretend, promise, practice 등

He **promised to be** here at ten. 그는 10시에 여기에 오기로 약속했다.

**동사 + 동명사**: avoid, consider, deny, enjoy, escape, finish, mind, postpone, give up 등

I **enjoy playing** basketball. 나는 농구하는 것을 즐긴다.

**둘 다 가능한 동사**: begin, start, hate, like, love 등

When are you **beginning studying**?
When are you **beginning to study**?
너는 언제 공부를 시작할 거니?

---

**A**  주어진 괄호 안에서 알맞은 말을 고르시오. (답이 두개인 경우 둘 다 고르시오.)

1. I wish (being, to be) rich.

2. I hoped (buying, to buy) some flowers.

3. The baby began (crying, to cry).

4. She wants (buying, to buy) a watch.

5. Jenny considers (borrowing, to borrow) some money.

6. We decided (doing, to do) exercise every day.

7. She planned (moving, to move) to Seoul.

8. He finished (playing, to play) computer games.

9. Do you enjoy (surfing, to surf) the Internet?

10. We gave up (going, to go) on a picnic.

11. We cannot postpone (answering, to answer) to the problem.

12. I promised (staying, to stay) home tonight.

13. Mother kept (waiting, to wait) for James.

14. Do you (mind, want) speaking a little louder?

15. I agreed (traveling, to travel) abroad.

**B** 괄호 안에 주어진 단어를 이용하여 문장을 완성하시오. (답이 두 개인 경우 둘 다 쓰시오.)

1. James doesn't like _____ a diary. (keep)

2. Everybody hopes _____ life. (enjoy)

3. It began _____ . (rain)

4. He loves _____ to jazz music. (listen)

5. I finished _____ the dishes. (wash)

6. She expected _____ in Europe. (travel)

7. The woman practiced _____ the piano. (play)

8. They continue _____ about his wedding. (talk)

9. Jenny hates _____ soccer. (play)

10. We gave up _____ an apartment near the school. (find)

# 동명사의 관용 표현

go –ing : ∼하러 가다
How (What) about –ing? : ∼하는 게 어때?
spend + 시간 + (in) –ing: ∼하는 데 (시간이) 걸리다
look forward to –ing : ∼하기를 기대하다

Let's **go swimming**. 수영하러 가자.

**How about going** to see a movie? 영화 보러 가는 게 어때?
= **What about going** to see a movie?

Kevin **spent an hour repairing** the clock. Kevin은 그 시계를 고치는데 한 시간이 걸렸다.

I'm **looking forward to seeing** you again. 당신을 다시 볼 수 있기를 기대합니다.

**괄호 안에 주어진 단어를 이용하여 해석에 맞는 문장이 되도록 완성하시오.**

1. 우리 쇼핑 하러 가자.
   Let's go _____. (shop)

2. 나는 보통 아침 일찍 조깅하러 간다.
   I usually go _____ early in the morning. (jog)

3. 그 선장은 항해하는 것을 좋아한다.
   The captain likes to go _____. (sail)

4. 그들은 그 산에 캠핑을 하러 간다.
   They go _____ on the mountain. (camp)

5. 우리는 지난 겨울에 스노보드를 타러 갔었다.
   We went _____ last winter. (snowboard)

6. 그들은 어제 클럽으로 춤추러 갔었다.
   They went _____ to the club. (dance)

7. 방과 후에 산책하러 가는 게 어때?
   What about _____ a walk after school? (take)

8. 새로운 직업을 찾아 보는 게 어때?
   How about _____ a new job? (find)

9. 그들은 매주 일요일 농구하는 데 시간을 보낸다.
   They spend time _____ basketball every Sunday. (play)

10. 나는 그 영화를 보기를 고대하고 있다.
    I'm looking forward to _____ the movie. (see)

# 절대 내신 문제

**01** 주어진 문장의 빈칸에 공통으로 들어갈 알맞은 것은?

> He is in the _____ room.
> His job is _____ in line.

① waiting
② wait
③ waited
④ to wait
⑤ waits

**02** 주어진 문장 중 어법상 어색한 것은?

① Stop smoking!
② Let's go swimming.
③ James is good at playing soccer.
④ He decided becoming a lawyer.
⑤ How about listening to music?

**03** 주어진 문장의 밑줄 친 부분의 쓰임이 같은 것은?

> Ben is good at making pizzas.

① Is she cleaning the room?
② They are studying English.
③ We aren't playing baseball.
④ Are you interested in joining the club?
⑤ She is looking at him.

**04** 주어진 문장의 밑줄 친 부분이 어법상 어색한 것은?

① He wants to teach me.
② I decided to go home.
③ Jenny would like to be a nurse.
④ They stopped playing basketball.
⑤ Do you mind to open the door?

**05** 주어진 문장의 빈칸에 공통으로 들어갈 가장 적절한 것은?

> _____ to music is better.
> I enjoy _____ to music.

① L(l)listen
② L(l)istening
③ T(t)o listen
④ T(t)o listening
⑤ L(l)istened

**06** 주어진 문장 중 그 의미가 다른 것은?

① Let's go skiing.
= How about going skiing?
② He goes fishing on his free time.
= He enjoys fishing.
③ My hobby is making dishes.
= My hobby is to make dishes.
④ She sings very well.
= She is good at singing.
⑤ Brushing the teeth is good for health.
= Health is to brush the teeth.

**07** 주어진 문장의 빈칸에 들어갈 가장 적절한 것은?

> I hope _____ the game.

① win
② won
③ to win
④ winning
⑤ when to win

**08** 주어진 문장에서 어법상 적절치 못한 것은?

> ① My mother wanted ② me ③ buying
> ④ some ⑤ candies.

/25문항

※ 정답 및 해설 p.024~025

**09** 주어진 문장의 빈칸에 들어갈 가장 적절한 것은?

How about _____ now?

① dance ② dances
③ dancing ④ is dance
⑤ to dance

**10** 주어진 문장의 빈칸에 들어갈 수 <u>없는</u> 것은?

Thanks for _____.

① helping me
② your kindness
③ sending an email
④ a present
⑤ to keep the promise

**11** 주어진 문장이 어법상 올바른 것은?

① I'd like to go to Europe.
② She likes to singing songs.
③ Swim in the sea is very dangerous.
④ We talked about keep a diary in English.
⑤ He enjoys to sleep early.

**12** 주어진 문장의 밑줄 친 부분 중 어법상 틀린 것은?

① Driving to London <u>taking</u> an hour.
② He is good at <u>painting</u>.
③ We always enjoy <u>dancing</u> together.
④ James likes <u>to visit</u> grandparents.
⑤ He is in a <u>sleeping</u> room.

**13** 주어진 문장의 빈칸에 들어갈 가장 적절한 것은?

My wife and I could not keep from
_____.

① laugh ② laughs
③ laughing ④ to laugh
⑤ to laughing

**14** 주어진 대화의 빈칸에 들어갈 가장 적절한 것은?

A : When will you finish _____ the
homework?
B : About 6 o'clock.

① do ② to do
③ done ④ does
⑤ doing

**15** 주어진 우리말에 맞게 빈칸에 들어갈 가장 적절한 것은?

I am looking forward _____ to the
new song.
나는 새 노래를 듣기를 기대하고 있는 중이다.

① to listen ② listen
③ to listening ④ listening
⑤ being listened

**16** 주어진 문장 중 어법상 <u>어색한</u> 것은?

① I expect visiting Europe.
② He is good at cleaning cars.
③ My job is teaching English to children.
④ Would you mind opening the window?
⑤ Playing games is my favorite thing.

**17** 주어진 문장의 빈칸에 들어갈 가장 적절한 것은?

> She spends a lot of time in _____
> books.

① to read
② reading
③ to have read
④ having read
⑤ to having read

[18~19] 주어진 문장의 빈칸에 들어갈 수 <u>없는</u> 것을 고르시오.

**18**

> I _____ to go to the movies.

① like      ② enjoy
③ want      ④ hope
⑤ wish

**19**

> He _____ to open his shop next
> month.

① wanted      ② hoped
③ decided      ④ planned
⑤ gave up

**20** 주어진 문장의 빈칸에 들어갈 가장 적절한 것은?

> Bill is very interested _____
> new subjects.

① in learn
② in learning
③ to learn
④ learning
⑤ in to learn

### 서술형 주관식 문제

**1** 주어진 두 문장이 같은 뜻이 되도록 빈칸에 알맞은 말을 넣으시오.

Do you mind if I use your computer?
= Do you mind _____ your computer?

**2** 괄호 안에 주어진 말을 이용하여 빈칸을 완성하시오.

Excuse me for _____ mistakes. (make)

**3** 주어진 문장에서 어법상 맞지 <u>않는</u> 것을 찾아 고치시오.

He hopes studying in New York in the future.

_____ → _____

**4** 주어진 우리말에 맞게 괄호 안의 단어를 이용하여 두 가지 형태로 빈칸을 채우시오.

My favorite exercise is _____ yoga. (do)
내가 가장 좋아하는 운동은 요가를 하는 것이다.

**5** 주어진 대화에서 괄호 안의 단어를 순서에 맞게 배열하시오.

A: I miss her so much.
B: Me, too. I am (seeing, looking, to, forward) her.

_____

# 수능 절대 문항 맛보기

정답 및 해설 P. 026

## 01 다음 글의 밑줄 친 부분 중, 어법상 틀린 것은?

These days we can always ① <u>listen to ringing</u> a bell in the subway, on the bus, in restaurants, even in the movie theater. The bell ② <u>is usually</u> some are popular songs or a kind of film music. We also get to hear some people ③ <u>relate</u> the most intimate details of his private life. You ④ <u>can't even go</u> to a public rest room ⑤ <u>without to hear</u> one side of a conversation emerging from the next stall.

## 02 다음 글의 밑줄 친 부분 중, 어법상 틀린 것은?

When our relatives, Kevin and Jessy, ① <u>came to visit</u> my parents in New York, they stayed up until late looking at picture albums and home movies. Dad ② <u>went to bed</u> before everyone else. The next morning while he ③ <u>was thinking about make</u> pancakes, Jessy came into the kitchen. ④ <u>Wanting</u> what time they had slept, he asked her, "Well, ⑤ <u>how late did you stay up</u> last night?" "Until about 1956," she answered.

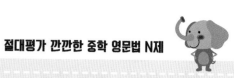

Chapter
06

# 분사

# 현재분사와 과거분사의 개념

Fragment 01

- **현재분사**: '동사원형 + –ing'의 형태
- **과거분사**: '동사원형 + –ed'의 형태

a **crying** girl 스스로 소리를 내면서 우는 소녀 – 능동의 의미
**running** man 뛰는 사람 – 진행의 의미
a **called** girl 누군가에 의해서 불리는 소녀 – 수동의 의미
**burned** tree 타버린 나무 – 완료의 의미

**A** 주어진 의미에 맞게 괄호 안의 단어를 활용하여 빈칸에 넣으시오.

1. 춤의 여왕      a _____ queen (dance)

2. 잊혀진 이름      _____ name (forget)

3. 쓰인 편지      a _____ letter (write)

4. 잠자는 아기      a _____ baby (sleep)

5. 주어진 돈      _____ money (give)

6. 구르는 돌      a _____ stone (roll)

7. 중고차      a _____ car (use)

8. 앉아 있는 남자      a _____ man (sit)

9. 노래하는 소녀      a _____ girl (sing)

10. 미소 짓는 천사      a _____ angel (smile)

**B** 주어진 문장의 의미에 맞게 괄호 안의 단어를 분사로 바꾸시오.

1. Have you ever (see) an elephant?      _____

2. Who is that (run) man over there?      _____

3. The window was (break) by James.      _____

4. My father was (fix) the bicycle.      _____

5. This book was (write) by Smith.      _____

6. They listened to the music (play).      _____

7. Where are the (paint) sticks?      _____

8. He was (excite) by the news.      _____

9. The doll was (bite) by a dog.      _____

10. Who is the man (wear) a blue shirts?      _____

# 분사의 역할

Fragment 02

- **명사 수식**: 명사의 앞이나 뒤에 놓여 명사를 꾸며 준다.
  현재분사 – 능동·진행, 과거분사 – 수동·완료
- **보어 역할**: 주격보어나 목적격보어의 역할을 한다.

- They say he is a **walking** dictionary. 그들은 그가 걸어 다니는 사전이라고 말한다.
- This is a **crowded** bus. 이것은 혼잡한 버스이다.
- The problem remains **unsolved**. 그 문제는 풀리지 않은 채 남아있다.

**A** 주어진 괄호 안에서 알맞은 말을 고르시오.

1. I never heard my name (calling, called).

2. Listen to the (singing, sung) birds.

3. She found her (forgetting, forgotten) ring.

4. Susan has a (painting, painted) pants.

5. Do you know that (smiled, smiling) baby?

6. The girl (playing, played) the piano is my daughter.

7. There are shoes (making, made) in Italy.

8. It is a very (interesting, interested) story.

9. That high mountain (covering, covered) with snow is Mt. Everest.

10. The man (standing, stood) over there is my uncle.

**B** 괄호 안에 주어진 단어를 이용하여 해석에 맞는 문장을 완성하시오.

1. 나는 초록색 바지를 입은 저 소녀를 알고 있다.
   I know that girl _____ green pants. (wear)

2. 그녀는 나에게 집에서 구운 케이크를 주었다.
   She gave me a home _____ cake. (make)

3. 너는 그 수영복을 찾았니?
   Did you find the _____ suit? (swim)

4. 고양이가 의자 아래서 울고 있다.
   A cat is _____ under the chair. (cry)

5. James는 파티에서 그의 이름이 불리는 것을 들었다.
   James heard his name _____ out at the party. (call)

# Fragment 03 동명사와 현재분사

**동명사와 현재분사**: 동명사는 용도나 목적을 나타내고, 현재분사는 명사를 수식하여 진행 중인 동작이나 상태를 나타낸다.

There are many books in the **reading** room. 그 열람실 안에는 많은 책이 있다. – 동명사(용도)

He takes care of a **sleeping** baby. 그는 잠자는 아이를 돌본다. – 현재분사(상태나 동작을 나타냄)

Her hobby is **baking** cookies. 그녀의 취미는 쿠키를 만드는 것이다. – 동명사('~하는 것'으로 해석, 보어 역할)

Look at the **dancing** girl. 춤추는 여자를 보아라. – 현재분사(girl 수식)

**주어진 문장의 밑줄 친 부분이 동명사이면 G, 현재분사이면 P를 쓰시오.**

1. Let's go to the <u>dancing</u> room. _____

2. Jenny is <u>taking</u> a picture. _____

3. He bought a <u>sleeping</u> bag. _____

4. I heard an <u>amazing</u> story. _____

5. Mother enjoys <u>making</u> dishes. _____

6. You can use a <u>changing</u> room. _____

7. James is <u>surfing</u> the Internet. _____

8. Look at the <u>following</u> sentence. _____

9. You can use this <u>baking</u> powder. _____

10. We love all <u>living</u> things. _____

# 절대 내신 문제

※ 정답 및 해설 p.027~029

**01** 주어진 문장의 빈칸에 들어갈 가장 적절한 것은?

> I heard my name _____ behind me.

① call          ② called
③ calling       ④ calls
⑤ to call

**02** 주어진 문장의 빈칸에 들어갈 말로 알맞게 짝지어진 것은?

> We were _____ at the _____ game.

① exite, exite
② exiting, exiting
③ exited, exited
④ exited, exiting
⑤ exiting, exited

**03** 주어진 문장의 밑줄 친 부분이 어법상 틀린 것은?

① The game was <u>exciting</u>.
② I was <u>surprised</u> at the rumor.
③ The drama is very <u>bored</u>.
④ She is <u>interested</u> in a handsome guy.
⑤ The news is very <u>surprising</u>.

**04** 주어진 우리말에 맞게 빈칸에 들어갈 가장 적절한 것은?

> I found the story _____.
> 나는 그 이야기가 끝났다는 것을 알았다.

① end          ② ends
③ ending       ④ end to
⑤ ended

**05** 주어진 문장의 밑줄 친 부분 중 어법상 알맞은 것은?

① <u>Barked</u> dog is mine.
② Do you prefer your eggs <u>flying</u>?
③ The woman <u>stand</u> there is Mrs. Kim.
④ He wants the work <u>finishing</u> soon.
⑤ John was wearing a hat <u>made</u> of paper.

**06** 주어진 두 문장이 같은 의미가 되도록 할 때 빈칸에 알맞은 것은?

> I was interested in his wedding story.
> = His wedding story was _____ to me.

① interest
② interests
③ interesting
④ interested
⑤ to interesting

**07** 주어진 문장의 빈칸에 들어갈 가장 적절한 것은?

> You have to pay for the _____ window.

① break        ② broken
③ breaking     ④ to break
⑤ broke

**08** 주어진 문장의 밑줄 친 부분이 어법상 적절하지 <u>않</u>은 것은?

① She stood <u>taking</u> pictures.
② The <u>rising</u> sun is beautiful.
③ Do you see the child <u>riding</u> a horse?
④ There is a crowd <u>watching</u> the game.
⑤ She had her money <u>stealing</u>.

**09** 주어진 문장의 빈칸에 들어갈 말이 바르게 짝지어 진 것은?

> The girl sat _____ to music.
> James heard his number _____ .

① listen, call
② to listen, calling
③ listening, calling
④ listened, to call
⑤ listening, called

**10** 주어진 문장의 밑줄 친 부분이 어법상 적절지 <u>않은</u> 것은?

① Ben is <u>swimming</u> in the pool.
② Have you ever <u>been</u> to Europe?
③ The <u>broken</u> glass is mine.
④ This book was <u>writing</u> by Tylus.
⑤ They are <u>playing</u> soccer.

**11** 주어진 문장의 밑줄 친 부분과 쓰임이 <u>다른</u> 것은?

> Would you mind <u>opening</u> the door?

① I want to visit my mother before <u>leaving</u> Seoul.
② He decided to stop <u>smoking</u>.
③ There are many children in the <u>living</u> room.
④ Look at the <u>singing</u> baby.
⑤ <u>Typing</u> Japanese is not easy for me.

**12** 주어진 문장의 밑줄 친 부분이 어법상 적절지 <u>않은</u> 것은?

① Jenny was <u>interested</u> in the book.
② It will be an <u>exciting</u> show.
③ Are you <u>going</u> home?
④ Did you hear the <u>shocking</u> news?
⑤ He was <u>surprising</u> at the score.

**13** 주어진 문장의 밑줄 친 부분 중 쓰임이 <u>다른</u> 것은?

① I am afraid of <u>swimming</u>.
② She likes <u>swimming</u>.
③ He was <u>swimming</u> in the river.
④ They enjoyed <u>swimming</u>.
⑤ My hobby is <u>swimming</u>.

**14** 주어진 빈칸에 들어갈 말로 가장 적절한 것은?

> Look at the _____ leaves on the ground.

① fallen          ② falling
③ fell            ④ falls
⑤ fall

**15** 주어진 문장의 밑줄 친 부분과 쓰임이 같은 것은?

> I finished <u>packing</u> all my stuff.

① It was <u>raining</u> yesterday.
② My friend <u>living</u> in America sent me a letter.
③ I saw a dog <u>running</u> away.
④ I took care of <u>sleeping</u> babies.
⑤ She is afraid of <u>going</u> out alone.

**16** 주어진 문장의 빈칸에 들어갈 가장 적절한 것은?

> Because I didn't have enough money, I had to buy a _____ car.

① use           ② uses
③ using         ④ used
⑤ to use

**17** 주어진 두 문장의 의미가 같도록 빈칸에 적절한 것은?

> I saw Julia. She was walking with her dog.
> = I saw Julia _____ with her dog.

① was walking  ② walks
③ walking  ④ walked
⑤ to walk

**18** 주어진 문장의 빈칸에 들어갈 말로 짝지어진 것은?

> I was _____ by websites _____
> too much personal information.

① annoy － ask
② annoying － asked
③ annoyed － asking
④ annoyed － asked
⑤ annoying － asking

**19** 주어진 문장의 빈칸에 들어갈 수 없는 것은?

> I saw my father _____.

① hang a picture
② cry in the morning
③ baked some cookies
④ standing there
⑤ reading the newspaper

**20** 밑줄 친 부분의 쓰임이 나머지와 다른 하나는?

① I had my tablet PC fixed.
② I have a cat named Jessy.
③ He read a book written in Chinese.
④ The news surprised me.
⑤ She was disappointed with the score.

## 서술형 주관식 문제

**[1-2]** 주어진 문장에서 어법상 틀린 것을 찾아 고쳐 쓰시오.

1. The teacher saw him stood in front of desk.
_____ → _____

2. Please don't speak loudly in the crowding subway.
_____ → _____

**[3-4]** 주어진 우리말에 맞게 괄호 안의 단어를 고쳐 쓰시오.

3. I was (bore) to hear his (bore) speech.
나는 그의 지루한 연설을 듣고 지루해졌다.
_____ . _____

4. Who is that man (lie) on the grass?
풀밭에 누워 있는 남자가 누구니?
_____

**5** 주어진 우리말에 맞게 괄호 안의 단어를 배열하여 문장을 완성하시오.

Jenny has a (cat, little, Kitty, called).
Jenny는 Kitty라고 불리는 작은 고양이를 가지고 있다.
_____

# 수능
# 절대 문항
# 맛보기

정답 및 해설 P. 029

**01** 다음 글의 밑줄 친 부분 중, 어법상 틀린 것은?

When I ① <u>wore glasses</u> for the first time, a whole new world opened. "You may feel light-headed at first," the doctor said. "If you ② <u>start to get</u> a headache, take the glasses off and ③ <u>rest your eyes</u>. Perfect vision is a little weird when you're ④ <u>used to weak eyesight</u>." I jumped out of the chair. As I stepped in the garden, I ⑤ <u>was amazing</u>. I can look the trees closely than before.

**02** 다음 글의 밑줄 친 부분 중, 어법상 틀린 것은?

Cold and ① <u>scared</u> the three children were lost in an icy swamp. They were found this morning by a team of searchers. The discovery ② <u>brought</u> an end to a rescue operation ③ <u>involved</u> hundreds of people. The children had spent the night on a small mound of high ground, ④ <u>hugging</u> each other and their dog for warmth and comfort. Mina and Juliet, 7 and 5, and their cousin Bruce Williams, 11, were found by two police officers at 8 : 15 a.m. "Come here, kids," ⑤ <u>shouted</u> Conan, when he saw them. "Come and give me a hug."

# Chapter 07

# 수동태

# 수동태

능동태를 수동태로 바꿀 때, 주어는 'by + 목적격'이 되어서 동사의 뒤로 가고, 목적어는 주격이 되어서 주어의 자리로 간다. 동사는 'be동사 + 과거분사'의 형태가 된다.

- Everybody **loves** her. 모든 사람은 그녀를 사랑한다.
  → She **is loved by** everybody. 그녀는 모든 사람에게 사랑받는다.
- A firefighter **saved** the baby. 소방관은 그 아기를 구출했다.
  → The baby **was saved by** a firefighter. 그 아기는 소방관에 의해서 구출됐다.

**A** 주어진 동사의 과거분사형을 쓰시오.

| | | | | | |
|---|---|---|---|---|---|
| 1. | answer | - _____ | 22. | fly | - _____ |
| 2. | be | - _____ | 23. | forget | - _____ |
| 3. | bear | - _____ | 24. | get | - _____ |
| 4. | begin | - _____ | 25. | give | - _____ |
| 5. | bend | - _____ | 26. | go | - _____ |
| 6. | blow | - _____ | 27. | have | - _____ |
| 7. | break | - _____ | 28. | hold | - _____ |
| 8. | breed | - _____ | 29. | invite | - _____ |
| 9. | bring | - _____ | 30. | keep | - _____ |
| 10. | build | - _____ | 31. | know | - _____ |
| 11. | burn | - _____ | 32. | lay | - _____ |
| 12. | buy | - _____ | 33. | lose | - _____ |
| 13. | carry | - _____ | 34. | make | - _____ |
| 14. | catch | - _____ | 35. | meet | - _____ |
| 15. | collect | - _____ | 36. | open | - _____ |
| 16. | do | - _____ | 37. | put | - _____ |
| 17. | draw | - _____ | 38. | read | - _____ |
| 18. | drink | - _____ | 39. | ring | - _____ |
| 19. | drop | - _____ | 40. | say | - _____ |
| 20. | eat | - _____ | 41. | see | - _____ |
| 21. | find | - _____ | 42. | sell | - _____ |

| 43. send | - _____ | 52. tell | - _____ |
|---|---|---|---|
| 44. set | - _____ | 53. think | - _____ |
| 45. shut | - _____ | 54. throw | - _____ |
| 46. sing | - _____ | 55. try | - _____ |
| 47. speak | - _____ | 56. understand | - _____ |
| 48. steal | - _____ | 57. use | - _____ |
| 49. stop | - _____ | 58. wake | - _____ |
| 50. take | - _____ | 59. wear | - _____ |
| 51. teach | - _____ | 60. write | - _____ |

**B** 주어진 문장을 수동태로 바꿀 때 빈칸에 적절한 말을 쓰시오.

1. I paint the house.
   → The house _____ _____ _____ me.

2. I write a letter.
   → A letter _____ _____ _____ me.

3. We study English very hard.
   → English _____ _____ _____ us very hard.

4. He paints many pictures.
   → Many pictures _____ _____ _____ him.

5. My mother calls me.
   → I _____ _____ _____ my mother.

6. We see stars at night.
   → Stars _____ _____ _____ us at night.

7. I eat an apple every day.
   → An apple _____ _____ _____ me every day.

8. I believe his saying.
   → His saying _____ _____ _____ me.

9. Jenny took some animals.
   → Some animals _____ _____ _____ Jenny.

10. Columbus discovered America.
    → America _____ _____ _____ Columbus.

11. My father sold the car.
    → The car _____ _____ _____ my father.

12. I wear the sneakers.

→ The sneakers _____ _____ _____ me.

13. Tom broke the vase.

→ The vase _____ _____ _____ Tom.

14. They opened the gate.

→ The gate _____ _____ _____ them.

15. We heard the sound.

→ The sound _____ _____ _____ us.

16. She bought three slices of cheese.

→ Three slices of cheese _____ _____ _____ her.

17. Many people read the story.

→ The story _____ _____ _____ many people.

18. We played the game yesterday.

→ The game _____ _____ _____ us yesterday.

19. Tom broke the computer.

→ The computer _____ _____ _____ Tom.

20. I ate a hamburger.

→ A hamburger _____ _____ _____ me.

# 5형식의 수동태

5형식 문장의 수동태는 목적어가 주어로, 주어가 'by + 목적격'으로, 목적격보어가 주격보어로 바뀌어서 2형식의 문장이 된다.

- Everybody **called** him a fool. 모든 사람이 그를 바보로 불렀다.
  → He **was called** a fool by everybody. 그는 모든 사람에 의해서 바보로 불렸다.

- I **made** him happy. 나는 그를 행복하게 만들었다.
  → He **was made** happy by me. 그는 나에 의해서 행복해졌다.

**주어진 문장을 수동태로 고쳐 쓰시오.**

1. I made my son a scientist. → _____

2. We called the baby Julie. → _____

3. Jenny thinks me kind. → _____

4. We elected him a president. → _____

5. The movie made him a star. → _____

6. I thought him honest. → _____

7. She called Bill 'Dancing Machine'. → _____

8. The sound makes me sad. → _____

9. James found a bird dead. → _____

10. He finds the story boring. → _____

# Fragment 03 수동태에서 알아두어야 할 것

- 수동태는 능동태의 목적어가 주어가 되기 때문에 목적어가 없는 문장은 수동태를 만들 수 없다.
- 'by + 행위자'가 일반인이거나 모를 때, 중요하지 않거나 너무도 당연할 때는 생략할 수 있다.

- She became a doctor. 그녀는 의사가 되었다.
  A doctor is become by her. (x)

- French is spoken in France **(by them)**. 프랑스어는 프랑스에서 말해진다.
- He **was killed (by someone)** in the war. 그는 전쟁에서 누군가에 의해 살해되었다.

**A** 주어진 문장이 수동태가 가능하면 O를, 가능하지 않으면 X를 쓰시오.

1. His father bought a camera.            (     )
2. Koreans are very helpful.              (     )
3. Jenny opened the box.                  (     )
4. The flower becomes red.                (     )
5. Mrs. Brown is our English teacher.     (     )

**B** 주어진 문장에서 생략이 가능한 곳이 있으면 괄호로 표시하시오.

1. The window was broken by someone.
2. The shoes were bought by Jenny.
3. The desk was made by someone.
4. My house is cleaned by my mother.
5. My bag was stolen by people.

# 절대 내신 문제

맞은 개수

/25문항

※ 정답 및 해설 p.031~032

**01** 주어진 문장의 빈칸에 들어갈 가장 적절한 것은?

> English _____ in Australia and New Zealand.

① is spoken
② spoken
③ spoke
④ speaks
⑤ speak

**02** 주어진 문장의 밑줄 친 부분이 어법상 어색한 것은?

① The present <u>was packed</u> by my sister.
② Her mother <u>is resembled</u> by Jenny.
③ James's bag <u>was stolen</u> by someone.
④ The picture <u>was taken</u> by Ruby.
⑤ The math problem <u>was solved</u> by Ben.

**03** 주어진 우리말에 맞게 빈칸에 들어갈 가장 적절한 것은?

> I _____ yesterday.
> 그가 나를 어제 학교까지 태워다 주었다.

① drive to school he
② drove to school by him
③ was driven to school by him
④ is driven to school by he
⑤ has driven to school by him

**04** 주어진 문장과 의미가 같은 것은?

> What did he make last weekend?

① What is made by him last weekend?
② Was what made by him last weekend?
③ What was made by him last weekend?
④ Was made by him what last weekend?
⑤ Is what made by him last weekend?

**05** 주어진 문장을 수동태로 바르게 고친 것은?

> She took care of crying cats.

① Crying cats are taken care by her.
② Crying cats are taken care of by her.
③ Crying cats were taken care by her.
④ Crying cats were taken care of by her.
⑤ Caring are taken of her cats by her.

**06** 주어진 문장의 빈칸에 들어갈 가장 적절한 것은?

> The new project _____ next week.

① receives
② will receive
③ be received
④ will be receive
⑤ will be received

**07** 주어진 문장의 밑줄 친 부분 중 어법상 어색한 것은?

> The meeting ① <u>should</u> not ② <u>delay</u> anymore. ③ <u>It</u> ④ <u>must be</u> held ⑤ <u>by</u> tomorrow.

**08** 주어진 문장의 빈칸에 들어갈 가장 적절한 것은?

> A bear _____ by him in the woods last month.

① find
② finds
③ was found
④ found
⑤ has founded

**09** 주어진 문장 중 어법상 <u>어색한</u> 것은?

① My car is repaired by the man.
② The house is painted by me.
③ The bag is made by an Italian master.
④ Bill Gates was invented by Microsoft.
⑤ This song is played by the group.

**10** 주어진 문장의 빈칸에 들어갈 가장 적절한 것은?

I went James' house yesterday. Because I
_____ to dinner.

① invited          ② had to invite
③ was inviting      ④ was invited
⑤ am invited

**11** 주어진 문장을 수동태로 바르게 고친 것은?

Many people call her 'Dancing Machine'

① She is called 'Dancing Machine' by many
people.
② She is called many people by 'Dancing
Machine'
③ 'Dancing Machine' called her by many
people.
④ 'Dancing Machine' is called many people
by her.
⑤ 'Dancing Machine' is called her by many
people.

**12** 주어진 문장 중 어법상 옳은 것은?

① Did the bread be baked by a chef?
② I gone to the party by her.
③ She was made a desk by someone.
④ The window was broken.
⑤ The teacher is bought by books.

**13** 주어진 대화의 빈칸에 들어갈 가장 적절한 것은?

A : Do they speak English in Canada?
B : Yes, English _____ there.

① speak          ② speaks
③ spoke          ④ spoken
⑤ is spoken

**14** 주어진 문장의 밑줄 친 부분을 생략할 수 <u>없는</u> 것은?

① Sugar is sold at the store <u>by them</u>.
② The machine is run <u>by someone</u>.
③ French is spoken <u>by French people</u>.
④ My car was stolen <u>by someone</u>.
⑤ The title is made <u>by the students</u>.

**15** 주어진 문장과 의미가 같은 것은?

The plan was started in a poor idea.

① They started the plan in a poor idea.
② We are started the plan in a poor idea.
③ We were started the plan in a poor idea.
④ They are started the plan in a poor idea.
⑤ A poor idea was started the plan.

**16** 주어진 문장의 빈칸에 들어갈 가장 적절한 것은?

A lot of people _____ in the
accident.

① kill          ② killed
③ was killed      ④ were killing
⑤ were killed

**17** 주어진 문장을 수동태로 바꿀 때 빈칸에 알맞은 것은?

> His teacher made him do his homework again.
> → He _____ do his homework again by his teacher.

① was made
② was made to
③ was made for
④ has made to
⑤ were made to

**18** 주어진 문장의 빈칸에 들어갈 가장 적절한 것은?

> Trash must not _____ in the river.

① throw
② threw
③ be thrown
④ was thrown
⑤ were thrown

[19~20] 우리말과 의미가 같도록 빈칸에 알맞은 말을 고르시오.

**19**
> The next World Cup games _____ in Qatar in four years.
> 다음 월드컵은 4년 후에 카타르에서 열릴 것이다.

① is held
② was held
③ will hold
④ will be holding
⑤ will be held

**20**
> Your voice _____ now.
> 지금 네 목소리가 녹음되고 있다.

① recorded
② is being recorded
③ is recording
④ is been recorded
⑤ will record

**서술형 주관식 문제**

**1** 주어진 문장에서 생략해도 되는 것을 쓰시오.

This temple was built by someone six hundred years ago.

_____

**2** 주어진 문장을 수동태로 바꿀 때 빈칸에 들어갈 적절한 말을 쓰시오.

Ben ate all the pizza on the table.
→ All the pizza on the table _____ _____ by Ben.

**3** 주어진 문장을 수동태로 바꿀 때 빈칸에 들어갈 적절한 말을 쓰시오.

I don't finish the work yet.
→ The work _____ by me yet.

**4** 주어진 괄호의 단어를 이용하여 수동태 문장을 완성하시오.

A: When will the test results come out?
B: The results _____ next week. (announce)

**5** 주어진 문장에서 어법상 틀린 곳을 고쳐 쓰시오.

I don't like telling what to do.
나는 지시받는 것을 싫어한다.

_____ → _____

# 수능
## 절대 문항
### 맛보기

정답 및 해설 P. 033

**01**

다음 글의 밑줄 친 부분 중, 어법상 틀린 것은?

Everyone won't doubt that atomic energy ① is one of the most wonderful discoveries of modern times. There ② is no denying, however, that it ③ always associates with our fears. This is very unfortunate. Atomic bombs ④ must not be used again. So we common people as well as the scientists ⑤ should make constant efforts to prevent this energy from being misused.

**02**

다음 글의 밑줄 친 부분 중, 어법상 틀린 것은?

It is important ① to help each other in the ecosystem. People sometimes ② compare an ecosystem to sports team. A sports team has ③ many different players, and each player ④ has his own job to do, but working together, the players form a team. An ecosystem ⑤ is consisted of many things: plants, animals, air and even rocks. Together, they form an ecosystem.

# Chapter 08

# 관사, 명사

# 부정관사

Fragment 01

부정관사 a는 셀 수 있는 단수 명사 앞에 쓰여 하나(one), 동일한 같은(same), 어떤 (a certain), ~ 마다(per, each), 종족 전체 등의 의미를 나타낸다. 뒤에 오는 명사의 발음이 모음으로 시작하는 경우 an을 쓴다.

- He is **a** doctor. 그는 의사이다. – 하나
- We are of **an** age. 우리는 동갑이다. – 동일한
- **A** man called me this morning. 어떤 남자가 아침에 나에게 전화했다. – 어떤
- We have four holidays **a** week. 우리는 일주일에 4번의 휴일이 있다. – 마다

**주어진 문장의 의미에 맞게 빈칸에 a나 an을 넣으시오.**

1. She has _____ hat.

2. Is that _____ dog?

3. My father is _____ engineer.

4. I have _____ dog and two cats.

5. Is Tom _____ American?

6. This is _____ old book.

7. James is _____ nice boy.

8. The students want _____ very good computer.

9. _____ hour is sixty minutes.

10. That's _____ good idea.

11. You need _____ egg for waffles.

12. Wait _____ minute.

13. _____ computer is very useful.

14. Can I borrow _____ umbrella?

15. It was _____ exciting game.

16. Jenny eats _____ orange every day.

17. This is _____ amazing story.

18. He will be _____ good teacher.

19. Do you have _____ pen?

20. He studies three hours _____ day.

# 정관사

정관사 the는 뒤에 단수·복수명사가 오는 것에 관계없이 쓰이며 특정한 것이나 수식어구와 함께 쓰이거나, 계량 단위, 악기 명, 종족 전체 등을 나타낼 때 쓴다.

- She takes care of a dog. 그녀는 개를 키운다.
  **The** dog is a poodle. 그 개는 푸들이다.

- She has a book. 그녀는 책을 가지고 있다.
  I want to borrow **the** book. 나는 그 책을 빌리길 원한다.

- **The** pen on the table is broken. 책상 위에 있는 그 펜은 부러졌다.
- Salt is sold by **the** pound. 소금은 파운드 단위로 팔린다.
- She is playing **the** violin. 그녀는 바이올린을 연주하고 있다.
- **The** dog is a faithful animal. 개는 충실한 동물이다.

**주어진 문장의 의미에 맞게 빈칸에 a(n)나 the를 넣으시오.**

1. I can play _____ guitar.

2. _____ water of the glass is dirty.

3. Mr. Thomas is _____ good teacher.

4. He bought _____ new car.

5. _____ book is on the desk.

6. Is this _____ umbrella?

7. Seoul is _____ capital of Korea.

8. Jenny has _____ old computer.

9. _____ cat in the room is very cute.

10. We sold sugar by _____ pound.

# 관사를 쓰지 않는 경우

식사, 운동 경기, by + 교통수단, 부르는 칭호 등에는 관사를 쓰지 않는다.

I have **dinner** at seven. 나는 7시에 저녁을 먹는다.
When shall we **play basketball**? 언제 우리 농구할까?
She usually goes to school **by bus**. 그녀는 종종 버스를 타고 등교한다.
**Waiter**, bring me a cup of coffee. 웨이터, 커피 한 잔 주세요.

**주어진 문장의 의미에 맞게 빈칸에 관사 a(n)나 the를 넣으시오. 단, 관사를 넣을 필요가 없을 때는 X를 쓰시오.**

1. I have _____ breakfast every day.

2. There's _____ exciting game on TV.

3. Boa is _____ very popular singer.

4. He plays _____ baseball.

5. She is _____ smart student.

6. _____ week has seven days.

7. The sun is larger than _____ moon.

8. My brother ate _____ apple and I ate two bananas.

9. _____ key on the table is mine.

10. My father goes to work by _____ taxi.

11. He met her _____ hour ago.

12. I know _____ man in the picture.

13. Betty has _____ son and two daughters.

14. She became _____ wise wife.

15. They saw _____ elephant.

16. She wears _____ blouse.

17. How much is a piece of _____ cake?

18. She is _____ English teacher.

19. I have a game. _____ game is very interesting.

20. _____ man under the tree is my dad.

# 명사의 종류

- **셀 수 있는 명사**: 사물이나 장소를 나타내는 명사를 셀 수 있는 명사라 한다. 앞에 부정관사가 올 수 있고 복수형으로 쓸 수 있다. – 보통명사, 집합명사
- **셀 수 없는 명사**: 추상적인 개념이나 고유한 이름을 나타내는 명사를 셀 수 없는 명사라 한다. 앞에 부정관사가 올 수 없고 복수형으로 쓸 수 없다. – 고유명사, 추상명사, 물질명사

- She eats an **apple** a day. 그녀는 하루에 사과 하나를 먹는다.
- **Art** is long, **life** is short. 예술은 길고, 인생을 짧다.

**주어진 명사가 셀 수 있는 명사이면 C, 셀 수 없는 명사이면 U를 쓰시오.**

| | | | | | |
|---|---|---|---|---|---|
| 1. | animal | _____ | 23. | fire | _____ |
| 2. | audience | _____ | 24. | food | _____ |
| 3. | baby | _____ | 25. | fork | _____ |
| 4. | band | _____ | 26. | furniture | _____ |
| 5. | book | _____ | 27. | girl | _____ |
| 6. | bread | _____ | 28. | gold | _____ |
| 7. | butter | _____ | 29. | group | _____ |
| 8. | cheese | _____ | 30. | hair | _____ |
| 9. | China | _____ | 31. | happiness | _____ |
| 10. | air | _____ | 32. | health | _____ |
| 11. | time | _____ | 33. | hope | _____ |
| 12. | class | _____ | 34. | information | _____ |
| 13. | coffee | _____ | 35. | iron | _____ |
| 14. | coin | _____ | 36. | Jenny | _____ |
| 15. | country | _____ | 37. | job | _____ |
| 16. | dictionary | _____ | 38. | key | _____ |
| 17. | dish | _____ | 39. | kindness | _____ |
| 18. | dog | _____ | 40. | kite | _____ |
| 19. | dress | _____ | 41. | lesson | _____ |
| 20. | England | _____ | 42. | life | _____ |
| 21. | eye | _____ | 43. | luck | _____ |
| 22. | family | _____ | 44. | math | _____ |

45. meat _____
46. money _____
47. monkey _____
48. music _____
49. necklace _____
50. New York _____
51. newspaper _____
52. Niagara Falls _____
53. oil _____
54. paper _____
55. pepper _____
56. pity _____
57. pleasure _____
58. rain _____

59. rice _____
60. roof _____
61. novel _____
62. snow _____
63. soap _____
64. subway _____
65. sugar _____
66. team _____
67. tray _____
68. tree _____
69. truth _____
70. village _____
71. watch _____
72. wealth _____

# 명사의 복수형

## 1. 규칙 복수형

### 1. 일반적으로 -s를 붙인다.

| | | | | | |
|---|---|---|---|---|---|
| map | 지도 | map<u>s</u> | book | 책 | book<u>s</u> |
| star | 별 | star<u>s</u> | bed | 침대 | bed<u>s</u> |

### 2. -s, -sh, -x, -ch로 끝난 경우 es를 붙인다.

| | | | | | |
|---|---|---|---|---|---|
| bus | 버스 | bus<u>es</u> | dish | 접시 | dish<u>es</u> |
| box | 상자 | box<u>es</u> | bench | 벤치 | bench<u>es</u> |

### 3. 자음 + -y로 끝난 경우 y → i로 고치고 es를 붙인다.

| | | | | | |
|---|---|---|---|---|---|
| city | 도시 | cit<u>ies</u> | lady | 숙녀 | lad<u>ies</u> |
| army | 군대 | arm<u>ies</u> | baby | 아기 | bab<u>ies</u> |

### 4. 모음 + -y로 끝난 경우 -s 를 붙인다.

| | | | | | |
|---|---|---|---|---|---|
| boy | 소년 | boy<u>s</u> | toy | 장난감 | toy<u>s</u> |
| monkey | 원숭이 | monkey<u>s</u> | | | |

### 5. 자음 + -o로 끝난 경우 -es를 붙인다.

| | | | | | | |
|---|---|---|---|---|---|---|
| potato | 감자 | potato<u>es</u> | **예외** | piano | 피아노 → | piano<u>s</u> |
| hero | 영웅 | hero<u>es</u> | | radio | 라디오 → | radio<u>s</u> |

### 6. f, fe로 끝난 경우 f, fe를 v로 고치고 -es를 붙인다.

| | | | | | | |
|---|---|---|---|---|---|---|
| leaf | 잎 | lea<u>ves</u> | **예외** | roof | 지붕 | roof<u>s</u> |
| knif | 칼 | kni<u>ves</u> | | safe | 안전 | safe<u>s</u> |
| wife | 아내 | wi<u>ves</u> | | | | |

## 2. 불규칙 복수형

| 1. 모음이 변하는 경우 | | | | | |
|---|---|---|---|---|---|
| man | 남자 | m<u>e</u>n | woman | 여자 | wom<u>e</u>n |
| foot | 발 | f<u>ee</u>t | tooth | 치아 | t<u>ee</u>th |

| 2. 어미에 -en이 붙는 경우 | | | | | |
|---|---|---|---|---|---|
| ox | 황소, 수소 | ox<u>en</u> | child | 아이 | child<u>ren</u> |

| 3. 단수와 복수형이 같은 경우 | | | | | |
|---|---|---|---|---|---|
| deer | 사슴 | deer | sheep | 양 | sheep |
| fish | 물고기 | fish | | | |

**A** 주어진 명사의 복수형을 괄호 안에서 고르시오.

1. baby (babys, babies)
2. box (boxs, boxes)
3. boy (boys, boies)
4. brother (brotheres, brothers)
5. bus (buses, buss)
6. butterfly (butterflys, butterflies)
7. candy (candys, candies)
8. cap (caps, capes)
9. cello (cellos, celloes)
10. cell phone (cell phone, cell phones)
11. chair (chaires, chairs)
12. child (children, childs)
13. church (churches, churchs)
14. city (citys, cities)
15. class (class, classes)
16. comedy (comedies, comedys)
17. country (countries, countrys)
18. cow (cow, cows)
19. deer (deer, deers)
20. desk (desks, deskes)
21. dish (dishes, dish)
22. dress (dress, dresses)
23. ear (ears, eares)
24. eraser (erasers, eraseres)
25. fish (fish, fishes)
26. fisherman (fishermans, fishermen)
27. fly (flys, flies)
28. foot (foots, feet)
29. fox (foxes, foxs)
30. glass (glass, glasses)
31. goose (geese, goose)
32. habit (habits, habites)
33. hobby (hobbys, hobbies)
34. kid (kidren, kids)
35. knife (knifes, knives)
36. lady (ladies, ladys)
37. leaf (leafs, leaves)
38. lily (lilies, lilyes)

39. lion (lions, liones)

40. man (men, mans)

41. map (maps, mapes)

42. monkey (monkeys, monkies)

43. mouse (mouses, mice)

44. ox (oxen, oxs)

45. party (parties, partys)

46. peach (peaches, peachs)

47. piano (pianos, pianoes)

48. picture (pictures, pictureses)

49. policeman (policemans, policemen)

50. postman (postman, postmen)

51. potato (potatos, potatoes)

52. radio (radioes, radios)

53. roof (rooves, roofs)

54. sandwich (sandwichs, sandwiches)

55. sheep (sheeps, sheep)

56. shelf (shelfs, shelves)

57. student (studentes, students)

58. sweater (sweateres, sweaters)

59. thief (thiefs, thieves)

60. tomato (tomatos, tomatoes)

61. tooth (teeth, tooths)

62. toothbrush (teethbrush, toothbrushes)

63. toy (toies, toys)

64. tray (trays, traies)

65. umbrella (umbrellas, umbrellases)

66. watch (watchs, watches)

67. wife (wifes, wives)

68. wolf (wolves, wolfes)

69. woman (womans, women)

70. zoo (zoos, zooes)

**B** 주어진 명사의 복수형을 쓰시오.

1. address   - _____

2. apple   - _____

3. area   - _____

4. banana   - _____

5. bath   - _____

6. bench   - _____

7. block   - _____

8. blouse   - _____

9. brush   - _____

10. building   - _____

11. candle   - _____

12. card   - _____

13. cat   - _____

14. bean   - _____

15. coin   - _____

16. cookie   - _____

17. day   - _____

18. duck   - _____

19. egg   - _____

20. eye   - _____

21. family   - _____

22. flower   - _____

23. foot   - _____

24. fox   - _____

25. headache   - _____

26. history   - _____

27. holiday   - _____

28. idea   - _____

29. job   - _____

30. letter   - _____

31. mistake   - _____

32. month   - _____

33. neighbor   - _____

34. note   - _____

35. passport   - _____

36. pen   - _____

37. pig   - _____

38. poster   - _____

39. safe   - _____

40. scarf   - _____

41. ship   - _____

42. shirt   - _____

43. sister   - _____

44. song   - _____

45. star   - _____

46. subject   - _____

47. team   - _____

48. test   - _____

49. town   - _____

50. video   - _____

**C**    괄호 안에 주어진 단어의 복수형을 이용하여 빈칸을 완성하시오.

1. They have _____ and _____ . (cup, table)

2. The girl has many _____ . (dress)

3. _____ and Gentleman! Come and listen to me. (Lady)

4. There are a lot of _____ . (wolf)

5. Two _____ lead the game. (man)

6. We need to protect _____ from the alien's attack. (child)

7. I have lots of rotten _____ . (tooth)

8. My father caught six _____ . (fish)

9. There are many _____ on the table. (box)

10. We have two hands and two _____ . (foot)

# 셀 수 없는 명사의 단위

Fragment 06

셀 수 없는 물질명사는 '단위 + of + 물질명사 · 추상명사'의 형태로 수량을 나타낼 수 있다. 명사는 복수형이 될 수 없고 단위만이 복수 형태가 되어야 한다.

| water류의 물질명사(액체) | cheese류의 물질명사(고체) |
|---|---|
| a cup[glass] of water | a slice of cheese |
| a cup of coffee | a piece[sheet] of paper |
| a bottle[glass] of beer | a piece[slice] of bread |
| a glass[carton] of milk | a pound of butter |
| a glass of juice | a pound of sugar |
| | a pound of meat |

Could you give me **a cup of coffee**? 커피 한 잔 주시겠어요?
I want **a slice of bread**. 나는 빵 한 조각을 원한다.
Bring me **two sheets of paper**. 종이 두 장을 가져오세요.

한 쌍으로 이루어진 glasses(안경), gloves(장갑), socks(양말), shoes(신발), pants(바지), jeans(청바지), scissors(가위) 등은 항상 복수형으로 써야 하며 수량을 나타낼 때는 a pair of를 써서 표현해야 한다.

I'd like to buy **a pair of jeans**. 나는 청바지를 한 벌 사고 싶다.

**괄호 안에 주어진 단어를 이용하여 빈칸을 완성하시오.**

1. a _____ of _____ (bottle, beer)

2. two _____ of _____ (piece, paper)

3. four _____ of _____ (slice, cheese)

4. some _____ of _____ (glass, water)

5. three _____ of _____ (cup, coffee)

6. a _____ of _____ (pound, sugar)

7. seven _____ of _____ (piece, bread)

8. ten _____ of _____ (cup, tea)

9. eight _____ of _____ (pound, meat)

10. five _____ of _____ (glass, juice)

# 명사의 소유격

Fragment 07

- 사람이나 동물 명사인 경우는 –'s를 붙인다. 이때 –s로 끝나는 복수명사인 경우 ~'만 붙여 준다.
- 무생물 명사인 경우 of를 쓴다.

- **Tom's sister** is very beautiful. Tom의 여동생은 매우 아름답다.
- James entered the **teachers'** room. James는 교사실로 들어갔다.
- **The legs of the table** are four. 그 탁자의 다리는 네 개이다.
- **The roof of the house** is very old. 그 집 지붕은 매우 오래되었다.

## A 주어진 단어의 소유격을 쓰시오.

1. sisters _____
2. I _____
3. you _____
4. he _____
5. her _____
6. lion _____
7. giant _____
8. Thomas _____
9. the desk _____
10. the building _____

11. my mother _____
12. hen _____
13. elephant _____
14. baby _____
15. doll _____
16. brothers _____
17. Jenny _____
18. ants _____
19. snake _____
20. television _____

## B 괄호 안의 단어를 소유격으로 바꾸시오.

1. _____ (My teacher, voice) is strange.
2. Show me your _____ (sons, pictures).
3. Here is _____ (the end, the road).
4. This is _____ (Jenny, dog).
5. What is _____ (the color, your car)?
6. I know the _____ (Columbus, egg).
7. Do you know _____ (the length, the swimming-pool)?
8. _____ (The window, this room) was broken by Thomson.
9. _____ (The boys, bags) are in the classroom.
10. _____ (Mina, hair) changed red.

# 절대 내신 문제

※ 정답 및 해설  p.035~037

[1~5] 주어진 명사와 복수형이 잘못된 것을 고르시오.

**01** ① book − books
② child − childs
③ leaf − leaves
④ lady − ladies
⑤ girl− girls

**02** ① bench − benches
② watch − watches
③ candy − candyes
④ sister − sisters
⑤ egg − eggs

**03** ① father − fathers
② bird − birds
③ job − jobes
④ eye − eyes
⑤ house − houses

**04** ① bus − buses
② box  − boxes
③ cookie − cookies
④ test − tests
⑤ potato − potatos

**05** ① sheep − sheep
② church − churchs
③ house − houses
④ banana − bananas
⑤ city − cities

[6~7] 주어진 문장의 밑줄 친 부분이 어법상 어색한 것을 고르시오.

**06** ① Jenny likes <u>babies</u>.
② There are some <u>boxs</u> in the room.
③ I missed by three <u>buses</u>.
④ She has three <u>gloves</u>.
⑤ I want to buy a lot of <u>robots</u>.

**07** ① Give me <u>pair</u> of shoes.
② He bought two <u>pairs</u> of socks.
③ Jenny gave me a <u>piece</u> of paper.
④ Put in two <u>pounds</u> of sugar.
⑤ He ate two <u>pieces</u> of bread.

**08** 주어진 문장의 빈칸에 들어갈 말로 적절지 않은 것은?

> Do you have many _____?

① milks
② files
③ bags
④ sisters
⑤ cups

**09** 주어진 문장의 빈칸에 들어갈 말로 가장 적절한 것은?

> The cat caught two _____ yesterday.

① mouses
② mice
③ mouse
④ mices
⑤ much mouse

**10** 주어진 문장의 빈칸에 들어갈 말로 짝지어진 것은?

> Do you have _____ umbrella?
> She is _____ English teacher.

① a - a
② a - an
③ an - a
④ an - an
⑤ many - an

**11** 주어진 문장의 빈칸에 a(n)이 들어갈 수 <u>없는</u> 것은?

① I have ____ book.
② I have some bread for ____ lunch.
③ There's ____ bag on the floor.
④ Does James' house have ____ room?
⑤ Is there ____ washing machine?

**12** 주어진 문장의 빈칸에 들어갈 말로 가장 적절한 것은?

> My daughter plays _____.

① a piano
② piano
③ the piano
④ some piano
⑤ pianos

**13** 주어진 문장의 빈칸에 The(the)가 들어갈 수 <u>없는</u> 곳은?

① _____ sun is shining brightly.
② We played _____ basketball yesterday.
③ _____ oil in the lamp was used up.
④ Mother kissed me on _____ cheek.
⑤ On _____ third day I visited his house.

**14** 주어진 문장의 밑줄 친 부분과 성격이 같은 것은?

> <u>Beckhem</u> lives in London.

① He drives a new <u>car</u>.
② Jenny wants <u>peace</u>.
③ We can't live without <u>air</u>.
④ I am in my <u>room</u>.
⑤ I met Tom in front of <u>NICE</u> shoes store.

**15** 주어진 문장의 빈칸에 들어갈 수 <u>없는</u> 것은?

> I bought a pair of _____ in Bay department store.

① sneakers
② jeans
③ peppers
④ socks
⑤ glasses

**16** 주어진 명사와 세는 단위가 <u>잘못</u> 짝지어진 것은?

| | | |
|---|---|---|
| ① sugar | a piece of |
| ② beer | a bottle of |
| ③ juice | a glass of |
| ④ cheese | a slice of |
| ⑤ butter | a pound of |

**17** 주어진 문장의 빈칸에 들어갈 가장 적절한 것은?

> _____ isn't in the house.

① Child
② The child
③ Some children
④ Some child
⑤ A children

**18** 주어진 문장에 들어갈 말로 짝지어진 것은?

> There is _____ money in the piggy bank.
> There are _____ books in the library.

① few, little
② few, a little
③ little, a little
④ little, a few
⑤ a few, a few

**19** 주어진 문장 중 어법상 <u>어색한</u> 것은?

① I don't like music.
② Jenny doesn't like meats.
③ James drank a cup of beer.
④ Some animals are dangerous.
⑤ Let me give you some advices.

**20** 주어진 문장의 빈칸에 들어갈 말이 보기의 밑줄 친 부분과 <u>다른</u> 것은?

> 보기 How <u>many</u> people are in the station?

① How _____ chairs are there?
② How _____ pencils are in the pencil case?
③ How _____ policemen do come in?
④ How _____ desks are in the classroom?
⑤ How _____ water is in the cup?

## 서술형 주관식 문제

**1** 주어진 문장에서 어법상 <u>어색한</u> 것을 모두 찾아 고치시오.

My brother bought a egg and two melon.

**2** 주어진 문장의 빈칸에 알맞은 관사를 넣어 문장을 완성하시오.

- He has a computer. _____ computer is brand-new.
- I used to play _____ flute.

**3** 주어진 우리말에 맞게 빈칸에 들어갈 말을 쓰시오.

커피 한잔 가져다 주세요.
Please bring me _____.

**4** 주어진 우리말과 같은 뜻이 되도록 빈칸에 주어진 단어를 배열하시오.

우리는 시간이 좀 더 필요하다.
(a little, need, more, time, we)
= _____

**5** 같은 뜻이 되도록 빈칸에 알맞은 말을 쓰시오.

4명의 남자가 방에 있다.
There _____ in the room.

# 수능 절대 문항 맛보기

정답 및 해설 P. 037

**01** 다음 글의 밑줄 친 부분 중 어법상 틀린 것은?

Amazingly, ① <u>much pirates</u> still exist all over the world. ② <u>Many years</u> ago, pirates were originally outlaws. They robbed ③ <u>sailors and ships</u> at sea. They had once been in trouble with ④ <u>the law</u>. Consequently, they were afraid to return to their homes. This, of course, meant that they were separated from their families. So they made it their business to capture ⑤ <u>passengers and sailors</u>.

**02** (A), (B), (C)의 각 네모 안에서 어법에 맞는 표현으로 가장 적절한 것은?

There is (A) a/the case of good out of evil. Hollywood actress Nicole Kidman said her poor eyesight was a real help during her first theatrical performance. "Half (B) a/an hour before going through the play, I was really nervous," she said. "But I made it through (C) a/the play because I could not see the audience," she added.

| | (A) | (B) | (C) |
|---|---|---|---|
| ① | a | a | the |
| ② | a | an | the |
| ③ | the | an | a |
| ④ | the | a | the |
| ⑤ | the | a | a |

# 대명사

# 인칭대명사

| 구분 | 인칭 | 주격 (~은/는/이/가) | 소유격 (~의) | 목적격 (~을/를 / ~에게) | 소유대명사 (~의 것) |
|------|------|------|------|------|------|
| 단수 | 1 | I | my | me | mine |
| | 2 | you | your | you | yours |
| | 3 | he | his | him | his |
| | | she | her | her | hers |
| | | it | its | it | - |
| 복수 | 1 | we | our | us | ours |
| | 2 | you | your | you | yours |
| | 3 | they | their | them | theirs |

• James is a student. James는 학생이다.
  → **He** is a student. 그는 학생이다. – 주격

• Jenny loves Tom very much. Jenny는 Tom을 매우 사랑한다.
  → Jenny loves **him** very much. Jenny는 그를 매우 사랑한다. – 목적격

• Tom is Jenny's brother. Tom은 Jenny의 오빠이다.
  → Tom is **her** brother. Tom은 그녀의 오빠이다. – 소유격

• This is my book. 이것은 나의 책이다.
  → This book is **mine**. 이 책은 나의 것이다. – 소유대명사

**A** 주어진 문장의 밑줄 친 곳을 인칭대명사로 바꾸어 쓰시오.

1. Is <u>James</u> your history teacher?

2. <u>He and I</u> are good friends.

3. It is not <u>Mike's</u> bicycle.

4. <u>My brothers and sisters</u> are kind.

5. I saw <u>Jack's brother</u> in the park.

6. <u>Kelly</u> is my new English teacher.

7. I can use my father's car and you can use <u>my car</u>.

8. This is <u>Anna's pictures</u>.

9. My brother goes to school with <u>Tom and Josh</u>.

10. <u>This flower's</u> color is beautiful.

11. That lady is <u>Tom and Mary's</u> mother.

12. John welcomed <u>me and my family</u>.

13. She met <u>the children</u> at the station.

14. <u>That lady</u> is an English teacher from America.

15. Please take <u>Mina and me</u> to the park.

16. I will meet <u>Sue</u> at 3.

17. <u>My brother and Jenny</u> always study together.

18. Do you know <u>Tommy</u>?

19. It belongs to my brother. It's <u>his bag</u>.

20. My grandmother loves <u>Tom and Brown</u> very much.


**B** 주어진 문장에서 어법상 <u>어색한</u> 부분을 찾아서 고치시오.

1. That is Jason's. This is he racket.

2. It's your problem, not me problem.

3. Tony's mother is a teacher. He loves she.

4. A: Is this your piano?
   B: Yes, it is my.

5. Me umbrella is over there.

6. That's not her T-shirt. Her is red.

7. His name is Jack. I want to meet his.

8. I have a cat. It's name is Kitty.

9. Ours house is very old and small.

10. They are my daughters. I love their very much.

# 지시대명사

- this/these: '이것, 이 사람'이라는 뜻으로 가까운 사물이나 사람을 가리킬 때 쓴다.
- that/those: '저것, 저 사람'이라는 뜻으로 멀리 있는 사물이나 사람을 가리킬 때 쓴다.
- **지시대명사의 의문문**: '동사 + 지시대명사'로 표현하고 대답은 yes, no로 한다.

- **This** is my house. 이것은 나의 집이다.
  **These** are our houses. 이것들은 우리의 집들이다.

- **That** is my pencil. 그것은 나의 연필이다.
  **Those** are my pencils. 그것들은 나의 연필들이다.

- **Is this** your book? 이것은 너의 책이니?
  → **Yes, it is**. 응, 그래 / **No, it isn't**. 아니, 아니야.

- **Are those** your books? 그것들이 너의 책이니?
  → **Yes, they are**. 응, 그래 / **No, they aren't**. 아니, 아니야.

**A** 주어진 괄호 안에서 알맞은 말을 고르시오.

1. (That, Those) are Tom's notebooks.

2. (This, These) are my son and daughter.

3. (This, These) are my classmates.

4. (That, Those) is my English teacher.

5. A: Is he the man?

   B: Yes, he is (that man, those).

6. (That, Those) are your books.

7. A: Are (this, these) your toys?

   B: No, they aren't.

8. To be or not to be; (that, those) is the question.

**B** 주어진 문장의 밑줄 친 곳을 단수는 복수로, 복수는 단수로 고쳐 쓰시오.

1. <u>This phone is</u> very simple.
2. <u>That car belongs</u> to my brother.
3. <u>This is an</u> interesting news.
4. <u>That window</u> over there <u>was</u> broken.
5. <u>That is</u> Smith's <u>car</u>.
6. <u>These students are</u> very smart.
7. <u>Those computers are</u> old.
8. <u>This room is</u> full of toys.
9. <u>This exercise is</u> very difficult.
10. <u>These presents are</u> for you.

# Fragment 03 비인칭주어 it

비인칭주어 it은 시간, 거리, 날씨, 날짜, 명암 등을 나타내며 문장의 주어로 쓰인다. 이때 it은 해석하지 않는다.

What time is **it**? 지금 몇 시니?
- **It**'s eleven o'clock. 11시야.

**It**'s ten miles far from here. 여기에서 10마일 떨어져 있다.
**It**'s so hot here in Miami. 이곳 마이애미는 무척 더워.

What day is **it** today? 오늘이 무슨 요일이지?
**It**'s Sunday. 일요일이야.

Look outside! **It** is getting dark. 밖을 봐! 어두워지고 있어.

**주어진 문장의 밑줄 친 It이 보기와 같은 의미로 쓰였으면 O, 그렇지 않으면 X를 쓰시오.**

| 보기 | ·<u>It</u> is Friday today. |
|---|---|

1. <u>It</u> is winter in Canada. _____

2. <u>It</u> is an old car. _____

3. <u>It</u> is about 10 miles. _____

4. <u>It</u> is getting warm. _____

5. <u>It</u>'s nine sharp. _____

6. <u>It</u> was windy yesterday. _____

7. <u>It</u> makes me a good chance. _____

8. <u>It</u>'s October first. _____

9. <u>It</u> isn't good to you. _____

10. <u>It</u> is a short way to school. _____

# 재귀대명사

| 인칭 | 주어 | 단수 | 복수 |
|------|------|------|------|
| 1인칭 | I | myself | ourselves |
| 2인칭 | you | yourself | yourselves |
| 3인칭 | he, she | himself, herself | themselves |
| | it | itself | |
| 기능 | 재귀용법 : 동사 및 전치사의 목적어 (주어=목적어) | | |
| | 강조용법 : 주어, 목적어, 보어 강조 | | |

- Mary seated **herself** on the chair. Mary는 그 의자에 앉았다.
- He (**himself**) talked to the man. 그는 직접 그 남자랑 이야기했다.

**A** 주어진 괄호 안에서 알맞은 말을 고르시오.

1. I did it (me, myself).

2. We enjoyed (ourselves, myself) at the party.

3. History repeats (it, itself).

4. I felt proud of (me, myself).

5. I am angry with (him, himself).

6. Help (you, yourself) to the food.

7. He wants to warm (him, himself).

8. She decided to live by (her, herself) in the country.

9. I am happy to introduce (my, myself).

10. Take care of (your, yourself).

**B** 주어진 문장의 밑줄 친 곳을 생략할 수 있으면 O, 생략할 수 없으면 X를 쓰시오.

1. Mary <u>herself</u> doesn't like it. _____

2. I <u>myself</u> want to see your father. _____

3. She went there by <u>herself</u>. _____

4. They <u>themselves</u> did the work. _____

5. He introduced <u>himself</u>. _____

6. You should love <u>yourself</u>. _____

7. Jenny has hidden <u>herself</u> behind a tree. _____

8. How did you enjoy <u>yourself</u> last Sunday? _____

9. I could not make <u>myself</u> understood. _____

10. I <u>myself</u> wrote this book. _____

# 부정대명사

### 1. one과 it
one은 같은 종류의 것을 나타낼 때, it은 바로 앞에 나온 명사를 지칭할 때 쓴다.

I lost my watch, so I need **one**. (my watch ≠ one) 나는 시계를 잃어 버려서, 하나 필요하다.

Is this your computer? May I use **it**? (your computer = it) 이것이 너의 컴퓨터니? 내가 좀 써도 될까?

### 2. 먼저 지정되는 것과 나머지를 나타내는 부정대명사
- 두 개 중에 하나는 ∼, 또 하나는 ∼: one ∼, the other ∼
- 여러 개 중에 하나는 ∼, 나머지는: one ∼, the others ∼
- 여러 개 중에 몇몇은 ∼, 나머지는 ∼: some ∼, the others ∼
- 셋 이상을 나열할 때: one(하나는) ∼ another(또 하나는) ∼ the third(세 번째는) ∼

**One** is a girl and **the other** is a boy. 한 명은 소녀이고, 다른 한 명은 소년이다.

When **one** left, **the others** did too. 한 명이 떠났을 때, 다른 사람들도 떠났다.

**Some** students like the teacher, but **the others** don't. 몇몇 학생들은 그 선생님을 좋아하지만 나머지는 싫어한다.

There are three roses. **One** is white, **another** is yellow, and **the third** is red.

세 송이 장미가 있다. 하나는 흰색이고 다른 하나는 노란색, 마지막 하나는 붉은색이다.

**A** 주어진 문장의 빈칸에 it이나 one(s)를 넣어서 문장을 완성하시오.

1. This is my new computer. I like (it, one).

2. James gave me the book. I like (it, one) very much.

3. Don't buy those apples, and buy these (one, ones).

4. This room is too dirty. I want to clean (it, one).

5. I have lost my watch. I must buy (it, one).

6. A: Do you have a pen?

   B: Yes, I have (it, one).

7. He bought a bicycle. (It, One) was expensive.

8. I like a red rose better than a white (it, one).

9. I went to Rome. (It, One) is a very amazing city.

10. She likes the movie. I'm going to see (it, one) with her.

## B  주어진 괄호 안에서 알맞은 말을 고르시오.

1. I have two cats. One is white, and (one, the other ) is black.

2. Some of us like classical music and (other, others) like jazz.

3. She bought three T-shirts: one is red, (others, the others) are black.

4. I met two friends. One was James and (the other, others) was Jenny.

5. Bill bought three flowers. One is a rose and (another, the others) are lilies.

6. Some teachers are very funny, but (the others, another) are boring.

7. There are two apples, (one, other) is mine, the other is James'.

8. Some shoes are cheap, but (other, others) are expensive.

9. She has two sons. One is a doctor, and (the other, the others) is a teacher.

10. Some people are rich, and (others, another) are poor.

# 의문대명사

**Fragment 06**

- 의문문을 나타내는 who[whose, whom], what, which 등을 의문대명사라고 한다.
  who: 사람의 이름이나 관계를 물을 때 쓰인다.
  what: 사람의 직업, 신분이나 동물, 사물 등을 물을 때 쓰인다.
  which: 동물이나 사물을 묻거나, 선택을 해야 하는 경우에 쓰인다.

- 의문대명사가 주어로 쓰일 때 do나 did와 같은 조동사는 필요없다.

- **Who** is he? 그가 누구니?
  He is John, my cousin. 그는 내 사촌, John이야.

- **What** is he? 그는 어떤 일을 하니?
  He is a poet. 그는 시인이야.

- **Which** is cheaper, iPhone or Android-phone? 아이폰과 안드로이드폰 중 어떤 것이 더 싸니?

- **Who** told you? 누가 너에게 말했니?

- **What** makes you so sad? 무엇이 너를 슬프게 만들었니?

**A** 주어진 문장에 들어갈 의문대명사를 보기에서 골라 쓰시오.

> **보기** who, whose, whom, which

1. _____ is your brother?

2. _____ socks are those?

3. _____ made this book?

4. _____ do you want to meet?

5. _____ chair was that?

6. _____ do you like best?

7. _____ is the girl in the dress?

8. _____ did they invite?

9. _____ hat do you have?

10. _____ do you love?

**B** 주어진 문장의 괄호 안에서 알맞은 것을 고르시오.

1. (What, Which) is happening?

2. (Whom, Whose) are you talking with?

3. (What, Whom) is your favorite color?

4. (Who, What) do you think about this city?

5. (What, Whose) does she do after dinner?

6. (Who, What) is that kind boy?

7. (Whom, Whose) note did you borrow?

8. (Who, What) is the man over there?

9. (What, Which) one is prettier, red one or blue one?

10. (Whom, Which) are you looking at?

11. (What, Whose) does your father do for a living?

12. (Which, Whom) teacher do you like better, Mr. Kim or Mr. Han?

13. (Which, Who) did she buy the toy for?

14. (What, Which) is sweet, candy or chocolate?

15. A: (What, Who) is your job?

    B: I am a teacher.

# 절대 내신 문제

※ 정답 및 해설 p.040~042

**01** 주어진 문장의 밑줄 친 부분의 쓰임이 <u>다른</u> 하나 는?

① This is <u>her</u> doll.
② <u>Jenny's</u> my friend.
③ Pollen is <u>John's</u> mother.
④ That is my <u>brother's</u> car.
⑤ <u>James'</u> uncle is in America.

**02** 주어진 문장의 빈칸에 들어갈 가장 적절한 것은?

> The man is John. _____ a doctor.

① I'm
② He's
③ You're
④ She's
⑤ They're

**03** 주어진 문장의 밑줄 친 부분이 어법상 <u>어색한</u> 것 은?

① Here's another <u>it</u>.
② Where is my wallet? I can't find <u>it</u>.
③ I have no bag. I need <u>one</u>.
④ Please show me some colorful <u>ones</u>.
⑤ I have a red hat so I need a blue <u>one</u>.

**04** 주어진 문장의 쓰임이 어법상 <u>어색한</u> 것은?

① I like him.
② The pet is my dog.
③ He loves Jenny.
④ This are their books.
⑤ I like its tail.

**05** 주어진 문장의 빈칸에 들어갈 가장 적절한 것은?

> I don't like this color. Show me
> _____.

① its
② itself
③ their
④ one
⑤ another

**06** 주어진 문장의 밑줄 친 부분의 쓰임이 <u>어색한</u> 것 은?

① <u>We're</u> good friends.
② <u>They're</u> pop singers.
③ <u>He's</u> great pianist.
④ <u>This's</u> new computer.
⑤ <u>That's</u> my brother, Jack.

**07** 주어진 문장의 빈칸에 들어갈 가장 적절한 것은?

> My grandmother takes care of one black
> dog and two white _____.

① one
② ones
③ one's
④ those
⑤ these

**08** 주어진 문장의 밑줄 친 부분이 어법상 <u>어색한</u> 것은?

① Jenny is a student. <u>She</u> is pretty.
② James and I are friends. <u>We</u> are six years old.
③ Timmy and Julie are from Canada. <u>Their</u> love Korea.
④ My brother is smart. <u>He</u> is not tall.
⑤ The man is very kind. <u>He</u> can speak French.

**09** 주어진 문장의 밑줄 친 부분의 쓰임이 <u>다른</u> 하나는?

① <u>It</u>'s very cold.
② <u>It</u>'s ten o'clock.
③ <u>It</u>'s too dark.
④ How much is <u>it</u>?
⑤ Is <u>it</u> far from here?

**10** 주어진 대화의 빈칸에 들어갈 가장 적절한 것은?

> A: Wow, that's interesting. Can I borrow _____?
> B: Why not?

① it ② this
③ that ④ one
⑤ ones

**11** 주어진 문장의 빈칸에 들어가기 적절지 <u>않은</u> 것은?

> Jason and Bill are _____ friends.

① my ② your
③ he ④ our
⑤ her

**12** 주어진 대화의 빈칸에 들어갈 가장 적절한 것은?

> A: I am worried about the test.
> B: Don't worry. Just say to _____.
>   "Do my best."

① myself ② herself
③ himself ④ yourself
⑤ themselves

**13** 주어진 문장에 공통으로 들어갈 가장 적절한 것은?

> _____ is my school.
> _____ is very cloudy today.

① It ② Its
③ They ④ This
⑤ These

**14** 주어진 문장의 빈칸에 들어가기 적절지 <u>않은</u> 것은?

> The robot says hello to _____.

① I ② him
③ her ④ you
⑤ me

**15** 주어진 대화의 빈칸에 들어가기에 가장 적절한 것은?

> A : Jenny, this is Beckham. _____ is from England.
> B : Hi, Beckham. Nice to meet you.

① It ② His
③ He ④ It's
⑤ The man

**16** 주어진 문장의 빈칸에 들어갈 가장 적절한 것은?

> _____ is raining outside. You'd better wear a raincoat.

① It ② Its
③ There ④ Weather
⑤ That

**17** 주어진 문장의 밑줄 친 부분을 괄호 안의 말로 바꿀 때 잘못된 것은?

① This is <u>her pin</u>. (hers)
② This is <u>his pants</u>. (his)
③ That's <u>our house</u>. (ours)
④ That's <u>their cat</u>. (theirs)
⑤ It's <u>James' car</u>. (James)

**18** 주어진 문장의 빈칸에 들어갈 말로 가장 잘 짝지어진 것은?

I like this _____ best, I will take
_____.

① one, it          ② it, ones
③ one, these       ④ it, one
⑤ it, ones

**19** 주어진 대화의 빈칸에 들어갈 가장 적절한 것은?

A : Is this his pen?
B : No, it isn't. It's _____.

① I               ② me
③ my              ④ mine
⑤ his

**20** 주어진 문장의 빈칸에 들어갈 가장 적절한 것은?

I want a notebook. Show me a yellow
_____.

① it              ② one
③ some            ④ other
⑤ these

## 서술형 주관식 문제

**1** 주어진 문장에 들어갈 가장 적절한 대명사를 각각 쓰시오.

I met a new boy. _____ name is Kevin.
_____ is from Canada.

**2** 주어진 문장에서 어법상 어색한 것을 찾아 고치시오.

I have lost my watch. I must buy it.

**3** 주어진 문장의 괄호 안에 공통적으로 들어갈 한 단어를 쓰시오.

_____ is a fine day today.
_____ is April Fool's day.
_____ rained a lot yesterday.

**4** 주어진 우리말에 맞게 빈칸에 알맞은 말을 채워 완성하시오.

_____ of my friends like pianos,
_____ like guitars.
몇몇 나의 친구들은 피아노를 좋아하고, 나머지 모두는 기타를 좋아한다.

**5** 주어진 대화의 밑줄 친 부분을 두 단어로 바꾸어 쓰시오.

A: Is this your phone?
B: Yes, it's <u>mine</u>.

# 수능 절대 문항 맛보기

정답 및 해설 P. 042

## 01

(A), (B), (C)의 각 네모 안에서 어법에 맞는 표현으로 가장 적절한 것은?

Are there great differences religions between of the West and Asia? Actually, religions of the West and (A) that / those of Asia have the same basic goal : to help (B) his/ their members achieve spiritual peace and joy with the universe. This, for all religions, is true wisdom. But among the Oriental religions (C) them/themselves , the beliefs and practices used to achieve wisdom differ from one faith to another.

|     | (A)   | (B)   | (C)        |
|-----|-------|-------|------------|
| ① | that | his | them |
| ② | those | their | themselves |
| ③ | that | his | themselves |
| ④ | those | their | them |
| ⑤ | that | their | themselves |

## 02

다음 글의 밑줄 친 부분 중 어법상 틀린 것은?

Some claim 'OK' ① is derived from the Choctaw Native American word oke, meaning "it is." ② One say it's from the French term Avx Cayes, a port in Haiti famed for its rum. But the most widely ③ accepted explanation is that ③ it comes from "orl korrect," an early nineteenth century American spelling of "all correct." The phrase ④ became popular in 1840 by the New York Democrats' OK Club political society whose initials also stood for Old Kinderhook, the nickname of ⑤ their leader Martin Van Buren (he was born in Kinderhook.)

# 형용사

## Fragment 01 형용사의 역할

형용사는 명사를 수식하거나 주어나 보어를 꾸며주는데 쓰인다.

- This is a **large** house. 이것은 큰 집이다.
- I found a **blue** box. 나는 파란색 상자를 발견했다.
- The book is very **interesting**. 그 책은 매우 재미있다.
- I found him **asleep**. 나는 그가 잠들어 있는 것을 알았다.

**주어진 문장에서 형용사를 찾아 밑줄을 그으시오.**

1. I was alone.

2. We found him sick.

3. This is a useful book.

4. It is no longer cold.

5. There is a small car.

6. It is hot in summer.

7. They had a great time.

8. The game is very dangerous.

9. She makes me angry.

10. Do you have strong boxes?

11. This food tastes good.

12. The story is bad.

13. Jenny is wearing the thin sweater.

14. Today is a special day.

15. The problem is very difficult.

# 한정적 용법과 서술적 용법

Fragment 02

- **한정적 용법**: 형용사가 명사나 대명사의 앞이나 뒤에서 직접 수식하는 것인데 −thing, −able, 형용사의 최상급, all, every가 붙는 명사를 수식할 경우에는 형용사가 명사 뒤에 위치한다.
- **서술적 용법**: 형용사가 보어로 쓰여서 주어나 목적어를 설명하는 용도로 쓰인 것이다.

- He is a **happy** boy. 그는 행복한 소년이다.
- You had better wear something **warm**. 너는 따뜻한 무언가를 입는 것이 더 낫겠다.
- I was **late** for school. 나는 학교에 늦었다.
- Music makes me **bright**. 음악이 나를 밝게 만든다.

**주어진 문장의 밑줄 친 곳이 보기와 같이 쓰였으면 O, 그렇지 않으면 X를 쓰시오.**

보기 I have a <u>good</u> friend.

1. I believe him <u>honest</u>. _____
2. I was <u>unhappy</u> yesterday. _____
3. He is a tall and <u>handsome</u> boy. _____
4. Are you <u>hungry</u>, now? _____
5. He wants something <u>cold</u>. _____
6. I don't like a <u>perfect</u> man. _____
7. The movie was <u>boring</u>. _____
8. That cake looks <u>sweet</u>. _____
9. We have a <u>special</u> party tonight. _____
10. Math is very <u>difficult</u>. _____
11. It is a <u>beautiful</u> flower. _____
12. This is a <u>useful</u> dictionary. _____
13. What a <u>crowded</u> place it is! _____
14. Jenny helps the <u>poor</u> people. _____
15. She is an <u>amazing</u> woman. _____
16. The game was <u>interesting</u>. _____
17. James makes her <u>happy</u>. _____
18. This food tastes <u>salty</u>. _____
19. I sent her an <u>old</u> car. _____
20. Something <u>good</u> should be shared. _____

수사

### 1. 기수와 서수

기수는 '1, 2, 3, 4, …'처럼 개수를 의미하는 말이고, 서수는 '첫 번째, 두 번째, …'처럼 차례를 의미하는 말이다.

| | 기 수 | 서 수 | | | 기 수 | 서 수 | |
|---|---|---|---|---|---|---|---|
| 1 | one | first | 1st | 14 | fourteen | fourteenth | 14th |
| 2 | two | second | 2nd | 15 | fifteen | fifteenth | 15th |
| 3 | three | third | 3rd | 16 | sixteen | sixteenth | 16th |
| 4 | four | fourth | 4th | 17 | seventeen | seventeenth | 17th |
| 5 | five | fifth | 5th | 18 | eighteen | eighteenth | 18th |
| 6 | six | sixth | 6th | 19 | nineteen | nineteenth | 19th |
| 7 | seven | seventh | 7th | 20 | twenty | twentieth | 20th |
| 8 | eight | eighth | 8th | 21 | twenty-one | twenty-first | 21st |
| 9 | nine | ninth | 9th | 30 | thirty | thirtieth | 30th |
| 10 | ten | tenth | 10th | 40 | forty | fortieth | 40th |
| 11 | eleven | eleventh | 11th | 50 | fifty | fiftieth | 50th |
| 12 | twelve | twelfth | 12th | 100 | hundred | hundredth | 100th |
| 13 | thirteen | thirteenth | 13th | 1000 | thousand | thousandth | 1000th |

### 2. 정수

정수는 일반적으로 세 자리마다 (,)가 오게 된다. 따라서 그곳을 끊어 천 단위로 읽으면 된다. hundred 다음에 and를 넣고 읽는 것이 원칙이나 일반적으로 생략한다.

106 → one hundred (and) six

1,037 → one thousand (and) thirty-seven

878,635 → eight hundred (and) seventy-eight thousand, six hundred (and) thirty-five

5,478,789 → five million, four hundred (and) seventy-eight thousand, seven hundred (and) eighty-nine

### 3. 분수와 소수

분수는 분자를 기수, 분모를 서수로 읽는다. 분자가 2 이상일 때는 분모를 복수로 쓴다.

$\frac{1}{2}$ → a[one] half          $\frac{1}{3}$ → one[a]-third

$\dfrac{1}{4}$ → one[a]–fourth[quarter]　　　$2\dfrac{3}{7}$ → two and three–sevenths

소수는 소수점까지는 기수로 읽고, 소수점은 point, 소수점 이하는 한 자리씩 읽는다.

3.24 → three point two four　　　　　0.013 → zero point zero one three

## 4. 년, 월, 일, 시간

| 요일 | 월 | |
|---|---|---|
| 일요일 Sunday | 1월 January | 7월 July |
| 월요일 Monday | 2월 February | 8월 August |
| 화요일 Tuesday | 3월 March | 9월 September |
| 수요일 Wednesday | 4월 April | 10월 October |
| 목요일 Thursday | 5월 May | 11월 November |
| 금요일 Friday | 6월 June | 12월 December |
| 토요일 Saturday | | |

1905년 : nineteen five[nineteen hundred and o five]
1999년 11월 15일 : November (the) fifteenth, nineteen ninety–nine.

9 : 30 → nine–thirty　　　　　　　10 : 05 → ten–o–five[five after ten]
10 : 15 → a quarter after ten　　　　8 : 45 → a quarter to nine

## 5. 전화번호, 화폐

전화번호는 하나씩 띄어서 읽는다. 숫자 두 개가 연속으로 나오면 double을 쓰기도 한다. 0은 o[ou]나 zero라고 읽는다.
123 – 0455 : one two three o[zero] four, five five[double five]
010 – 123 – 4567 : zero one zero one two three four five six seven

주로 쓰이는 화폐인 달러는 dollar와 cent로 나누어 읽고 원화나 엔화 등은 숫자 뒤에 won이나 yen을 붙여 읽는다.
$8.50 : eight dollars (and) fifty (cents)　　¥500 : five hundred yen

## 6. 잘 알아두어야 하는 수사 표현

hundreds of ~(수백의), thousands of ~(수천의) 등의 막연하게 큰 수를 나타낼 때는 복수형으로 쓴다.
Three hundred people were there. 300명의 사람들이 거기에 있었다.
**Hundreds of** people were there. 수백 명의 사람들이 거기에 있었다.

'~마다'의 의미로 'every + 기수, 서수 + 명사'가 쓰이는데 이때 기수 다음에는 복수명사가, 서수 다음에는 단수명사가 온다.
I meet her **every two weeks**. = I meet her **every second week**. 나는 2주에 한 번 그녀를 만난다.

**A** 주어진 기수는 서수로, 서수는 기수로 바꾸어 빈칸을 채우시오.

1. one _____
2. two _____
3. three _____
4. four _____
5. five _____
6. six _____
7. seven _____
8. eight _____
9. nine _____
10. ten _____
11. _____ eleventh
12. _____ twelfth
13. _____ thirteenth
14. _____ fourteenth
15. _____ fifteenth
16. _____ sixteenth
17. _____ seventeenth
18. _____ eighteenth
19. _____ nineteenth
20. _____ twentieth
21. twenty-one _____
22. _____ twenty-second
23. twenty-three _____
24. _____ twenty-fourth
25. twenty-five _____
26. _____ twenty-sixth
27. twenty-seven _____
28. _____ twenty-eighth
29. twenty-nine _____
30. _____ thirty-first
31. _____ thirty-second
32. thirty-three _____
33. thirty-four _____
34. thirty-five _____
35. _____ thirty-sixth
36. thirty-seven _____
37. _____ thirty-eighth
38. thirty-nine _____
39. forty _____
40. forty-five _____
41. fifty _____
42. fifty-three _____
43. sixty _____
44. sixty-one _____
45. seventy _____
46. seventy-two _____
47. eighty _____
48. ninety _____
49. one hundred _____
50. one thousand _____

**B** 주어진 분수와 소수를 영어로 읽으시오.

1. $\frac{1}{2}$ _____

2. 0.14 _____

3. 1.5 _____

4. $3\frac{1}{2}$ _____

5. 0.001 _____

6. $2\frac{2}{3}$ _____

7. 2.45 _____

8. $7\frac{7}{8}$ _____

9. 1.23 _____

10. $\frac{3}{4}$ _____


**C** 주어진 시간·날짜 및 전화번호를 영어로 쓰시오.

1. 10:00 _____

2. 9:50 _____

3. 3:15 _____

4. 1:05 _____

5. 12:15 _____

6. 5월 5일 _____

7. 2012년 _____

8. 1986년 _____

9. 134-8746 _____

10. 205-5689 _____

**D** 주어진 우리말에 맞게 괄호 안의 단어를 이용하여 문장을 완성하시오.

1. 수천 명의 사람들이 콘서트 장에 있다.

   There are _____ (hundreds, people, of) in the concert hall.

2. 우리는 수백 개의 위성을 볼 수 있다.

   We can watch _____ (moons, hundreds, of).

3. 수천 명의 사람들이 그 도시를 방문했다.

   _____ (people, thousands, of) visited the city.

4. 나는 작년에 수백 장의 사진을 찍었다.

   I took _____ (hundreds, pictures, of) last year.

5. 수백 명의 아이들이 길에서 뛰고 있다.

   _____ (children, hundreds, of) are running on the road.

6. 수천 명의 경찰들이 뉴욕에 모였다.

   _____ (police, thousands, of) gathered in New York.

7. 나는 내 친구들에게 수백 통의 이메일을 보냈다.

   I sent _____ (e-mails, hundreds, of) to my friends.

8. 수천 명의 병사들이 10년 동안 죽었다.

   _____ (thousands, soldiers, of) have died for 10 years.

9. 그녀는 2010년에 수백 권의 책을 구입했다.

   She bought _____ (books, hundreds, of) in 2010.

10. James는 수천 장의 CD를 모았다.

    James has collected _____ (CDs, thousands, of).

# 수량형용사

### 1. many, much

|  | many | much |
|---|---|---|
| 뒤에 오는 명사 | 셀 수 있는 복수명사 | 셀 수 없는 단수명사 |
| 의미 | (수가) 많은, 다수의 | (양이) 많은, 다량의 |

There were too **many** students. 너무 많은 학생이 있었다.
= There were too **a lot of** students.

There's too **much** noise here. 여기는 너무 시끄럽다.
= There's too **a lot of** noise here.

★ a lot of는 '많은' 의 의미로 수(many)와 양(much)에 둘 다 쓰일 수 있다.

### 2. few, little

|  | few | a few | little | a little |
|---|---|---|---|---|
| 뒤에 오는 명사 | 셀 수 있는 명사 | 셀 수 있는 명사 | 셀 수 없는 명사 | 셀 수 없는 명사 |
| 의미 | (수가) 거의 없는 | (수가) 적은, 약간의 | (양이) 거의 없는 | (양이) 적은, 약간의 |

I have **a few** friends. 나는 약간의 친구가 있다.
There were **few** passengers in the bus. 버스 안에는 승객들이 거의 없다.
We are having **a little** difficulty. 우리는 약간의 어려움이 있다.
We have very **little** information. 우리는 정보가 거의 없다.

### 3. some, any

|  | some | any |
|---|---|---|
| 쓰이는 문장 | 긍정문 | 부정문, 의문문 |
| 의미 | 약간의 | 약간의 |

I have **some** time today. 나는 오늘 시간이 좀 있습니다.
He doesn't have **any** children. 그에게는 아이들이 전혀 없다.
Do you have **any** other question? 다른 질문 있나요?

★ some은 부정문이나 의문문에는 사용하지 않는 것이 원칙이지만, 권유를 나타내는 경우에는 의문문에도 사용한다.

**A** 주어진 문장의 빈칸에 many나 much를 쓰시오.

1. I had _____ nightmares last month.

2. I don't have _____ milk.

3. He uses _____ shampoo.

4. Do they catch _____ flies?

5. I drink _____ water after exercising.

6. Mother washed _____ dishes.

7. Jenny doesn't count _____ sheep.

8. Did Brown take _____ pictures?

9. There are _____ ants under the tree.

10. Jerry bit _____ cheese.

11. My brother sold _____ vegetables.

12. Don't eat _____ sugar.

13. Jonathan has _____ information about her.

14. There is _____ cloud in the sky.

15. The doctor made _____ robots.

16. We visited _____ stores in New York.

17. James watched _____ games.

18. Do you have _____ interest in the party?

19. There isn't _____ jam in the bottle.

20. Mrs. Kent wore _____ accessories in the club.


**B** 주어진 문장의 밑줄 친 부분을 many나 much로 바꾸어 쓰시오.

1. He fixes lots of cars.

2. Jason felt a lot of pain.

3. There are a lot of flowers on the desk.

4. James ate lots of ice cream after dinner.

5. Does John boil a lot of soup?

6. The cartoon has lots of fun.

7. Aron spends a lot of time.

8. My son has a lot of pop corn.

9. There is lots of rain in Hawaii.

10. Brown painted a lot of chairs.

11. She doesn't use <u>a lot of</u> keys.

12. Does he cut <u>lots of</u> trees?

13. They found <u>a lot of</u> elephants in Thailand.

14. I have collected <u>a lot of</u> toys.

15. There are <u>lots of</u> coins in my pocket.

16. Can you pick up <u>a lot of</u> flowers?

17. Jane takes care of <u>a lot of</u> children.

18. I have <u>lots of</u> homework.

19. We have to follow <u>a lot of</u> rules in school.

20. They have <u>lots of</u> ideas with it.


**C** 주어진 문장의 괄호 안에서 어법상 적절한 것을 고르시오.

1. Do you have (any, some) questions?

2. Do you make (any, some) flowers with paper?

3. I made (any, some) mistakes.

4. John ate (some, any) eggs.

5. Jonathan can speak Spanish (a little, a few).

6. (A few, A little) members disagreed with him.

7. There is (a few, a little) food on the table.

8. My mother doesn't have (any, some) nice clothes.

9. I got (a few, a little) information about the project.

10. James spent (any, some) money for her.

# 절대 내신 문제

**01** 주어진 어휘 중 나머지와 성격이 <u>다른</u> 하나는?

① good
② happily
③ big
④ clean
⑤ hot

**02** 주어진 문장에서 어법상 <u>어색한</u> 것은?

I ① <u>found</u> ② <u>a</u> ③ <u>asleep</u> baby ④ <u>in</u> the
⑤ <u>car</u>.

**03** 주어진 문장의 밑줄 친 곳의 용법이 <u>다른</u> 것은?

① An elephant is a <u>big</u> animal.
② Those are <u>great</u> people.
③ James is a <u>famous</u> player in England.
④ Jenny is <u>cute</u> and smart.
⑤ He is an <u>intelligent</u> guy.

**04** 주어진 문장의 빈칸에 들어갈 수 <u>없는</u> 것은?

It is a _____ day.

① nice
② great
③ very
④ wonderful
⑤ beautiful

**05** 주어진 문장의 빈칸에 들어갈 알맞은 것으로 짝지어진 것은?

I have _____ money, but I don't have
_____ coins.

① some – any
② many – some
③ a lot – any
④ much – some
⑤ any – much

**06** 주어진 서수의 철자 표기가 <u>어색한</u> 것은?

① second
② eighth
③ nineth
④ tenth
⑤ hundredth

**07** 주어진 문장의 빈칸에 들어갈 가장 적절한 것은?

_____ is always happening in the
world.

① Something new
② New something
③ Anything new
④ New anything
⑤ Newing some

**08** 주어진 문장의 빈칸에 공통으로 들어갈 수 있는 것은?

James is _____.
He is in front of a _____ tree.

① alive
② tall
③ those
④ very
⑤ Jenny's

**09** 주어진 단어들의 관계가 <u>다른</u> 하나는?

① two – second
② three – third
③ five – fifth
④ thirteen – thirteenth
⑤ thousand – thousands

※ 정답 및 해설 p.045~047

**10** 밑줄 친 부분의 쓰임이 어법상 적절한 것은?

① She has <u>many</u> money.
② We had <u>little</u> bags.
③ They saw <u>a little</u> people there.
④ There was <u>a little</u> coke in the glass.
⑤ There isn't <u>many</u> sugar in the bowl.

**11** 주어진 문장의 빈칸에 들어갈 알맞은 것으로 짝지어진 것은?

> Jenny, I need _____ cookies.
> Do you have _____ cookies?

① some − any       ② some − some
③ any − some       ④ any − any
⑤ a little − much

**12** 주어진 문장의 밑줄 친 부분을 바르게 읽은 것은?

> About <u>2/3</u> of students will go for a trip.

① two − three
② two − third
③ two − thirds
④ second − three
⑤ second − third

**13** 주어진 문장의 밑줄 친 부분 중 어법상 <u>어색한</u> 것은?

① <u>Some</u> shirts are dirty.
② James reads <u>many</u> books.
③ I have <u>some</u> bread for lunch.
④ He doesn't have <u>much</u> money.
⑤ I have <u>any</u> American friends.

**14** 주어진 문장의 빈칸에 들어갈 말끼리 바르게 짝지어진 것은?

> There's _____ bread on the table.
> I don't have _____ plans yet.

① any − no        ② any − any
③ any − some      ④ some − any
⑤ some − some

**15** 주어진 연도를 영어로 읽은 것 중 <u>잘못된</u> 것은?

① 1999년 = nineteen ninety−nine
② 2001년 = two thousand one
③ 1900년 = nineteen hundred
④ 1974년 = one nine seven four
⑤ 1904년 = nineteen hundred four

**16** 주어진 대화의 빈칸에 들어갈 적절한 것은?

> A: _____ pens are there in the case?
> B: Three.

① How
② How much
③ How many
④ How nice
⑤ How often

**17** 주어진 문장의 밑줄 친 부분의 쓰임이 <u>어색한</u> 것은?

① Does he have <u>any</u> other card?
② Do you have <u>any</u> questions?
③ He has <u>any</u> trouble with his body.
④ I don't need to buy <u>any</u> food.
⑤ He doesn't have <u>any</u> good ideas.

**18** 주어진 수사 표현을 잘못 읽은 것은?

① 1/2 → one half
② 278 → two hundred and seventy−eight
③ 3/7 → three seventh
④ 0.01 → zero point zero one
⑤ 701−2003 → seven o one, two double o three

**19** 주어진 문장의 밑줄 친 부분과 쓰임이 같은 것은?

> He got the watch fixed.

① They aren't poor.
② She seems careless.
③ What a pretty flower!
④ Mary found the box empty.
⑤ The woman dancing on the floor is my sister.

**20** 주어진 대화의 밑줄 친 부분을 바르게 읽은 것은?

> A: Today is my birthday.
> B: Oh, I am sorry. I forgot it. What's the date today?
> A: It's 10월 24일.

① October twenty − four
② October twenty − fourth
③ October twentieth − fourth
④ Twenty − four October
⑤ Two fourth October

---

### 서술형 주관식 문제

**1** 주어진 수사를 읽는 법에 맞게 빈칸에 알맞은 말을 쓰시오.

286,543,197 :

two _____ and eighty-six _____,
five _____ and forty-three thousand,
one _____ and ninety-seven

**[2-3]** 주어진 우리말에 맞게 괄호 안의 단어를 고쳐 쓰시오.

2. 수많은 관중들이 그 공연을 보러 왔다.
(of, thousands, came to, audience) see the concert.

_____

3. 그녀는 새로 오신 과학 선생님이다.
She is (teacher / a / science / new).

_____

**4** 주어진 두 문장이 같은 의미가 되도록 빈칸을 채워 완성하시오.

The girl is kind.
= She is a _____ _____.

**5** 주어진 우리말에 맞게 밑줄 친 부분을 고쳐 완성하시오.

우리는 충분한 시간이 없다. 우리는 약간의 해답이 필요하다.
We don't have time enough. We need any answer keys.

_____

# 수능 절대 문항 맛보기

정답 및 해설 P. 047

## 01

(A), (B), (C)의 각 네모 안에서 어법에 맞는 표현으로 가장 적절한 것은?

(A) Some / Any people propose that we should try to watch TV as (B) few / little time as possible. And (C) many / much people agree with this opinion. But it is also not so easy to do so. Automatically we are so much exposed to it that it is difficult to escape the influence of television. According to new research, you will have watched TV for at least 20,000 hours by the age of 20.

| (A) | (B) | (C) |
|-----|-----|-----|
| ① Any | few | many |
| ② Some | few | much |
| ③ Some | little | many |
| ④ Any | little | much |
| ⑤ Any | little | many |

## 02

다음 글의 밑줄 친 부분 중 어법상 틀린 것은?

What do you know about the American dream? In the late 18th and early 19th, the United States greeted ① thousand of newcomers. In their homes, many of them ② couldn't be allowed to live or pray as they wished. They were poor. ③ Many people were almost starving. The immigrants came here looking for a life of freedom. ④ Some people even said that in America the streets ⑤ would be paved with gold.

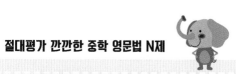

Chapter

11

# 부사

# 일반적인 부사의 형태

**Fragment 01**

- **대부분의 경우:** 형용사 + –ly
- **자음 + y로 끝난 경우:** y를 i로 고치고 –ly

- brave(용감한) – bravely(용감하게)
  clear(분명한) – clearly(분명히)
  quiet(조용한) – quietly(조용히)
- happy(행복한) – happily(행복하게)
  busy(바쁜) – busily(바쁘게)

## A  주어진 형용사를 부사로 고치시오.

| | | | |
|---|---|---|---|
| 1. active | _____ | 22. equal | _____ |
| 2. angry | _____ | 23. excellent | _____ |
| 3. bad | _____ | 24. expensive | _____ |
| 4. beautiful | _____ | 25. fresh | _____ |
| 5. brave | _____ | 26. giant | _____ |
| 6. calm | _____ | 27. glad | _____ |
| 7. careful | _____ | 28. graceful | _____ |
| 8. clear | _____ | 29. great | _____ |
| 9. cold | _____ | 30. happy | _____ |
| 10. comfortable | _____ | 31. heavy | _____ |
| 11. common | _____ | 32. honest | _____ |
| 12. correct | _____ | 33. huge | _____ |
| 13. cute | _____ | 34. idle | _____ |
| 14. dangerous | _____ | 35. important | _____ |
| 15. dark | _____ | 36. independent | _____ |
| 16. deep | _____ | 37. kind | _____ |
| 17. delicious | _____ | 38. lazy | _____ |
| 18. different | _____ | 39. loud | _____ |
| 19. difficult | _____ | 40. lucky | _____ |
| 20. diligent | _____ | 41. main | _____ |
| 21. easy | _____ | 42. natural | _____ |

| 43. necessary | _____ | 62. shy | _____ |
|---|---|---|---|
| 44. new | _____ | 63. silent | _____ |
| 45. near | _____ | 64. similar | _____ |
| 46. nice | _____ | 65. simple | _____ |
| 47. noisy | _____ | 66. sincere | _____ |
| 48. normal | _____ | 67. slow | _____ |
| 49. perfect | _____ | 68. special | _____ |
| 50. poor | _____ | 69. strange | _____ |
| 51. pretty | _____ | 70. strong | _____ |
| 52. quick | _____ | 71. sudden | _____ |
| 53. quiet | _____ | 72. surprising | _____ |
| 54. real | _____ | 73. terrible | _____ |
| 55. regular | _____ | 74. thick | _____ |
| 56. rich | _____ | 75. usual | _____ |
| 57. rude | _____ | 76. various | _____ |
| 58. sad | _____ | 77. warm | _____ |
| 59. safe | _____ | 78. wild | _____ |
| 60. serious | _____ | 79. wise | _____ |
| 61. short | _____ | 80. wonderful | _____ |

**B** 주어진 문장의 괄호 안에서 어법상 적절한 것을 고르시오.

1. Jenny is (real, really) beautiful.

2. They listen to the music (happy, happily).

3. The teacher always speaks (quick, quickly).

4. The player (usual, usually) feels thirsty.

5. These are (clean, cleanly) rooms.

6. Superman appeared (sudden, suddenly).

7. I opened the drawer (easy, easily)

8. I understood his words (clear, clearly).

9. The soup tastes (sweet, sweetly).

10. (Lucky, Luckily), I met Lisa.

## Fragment 02 혼동하기 쉬운 부사

### 형용사와 동일한 형태로 의미가 같은 부사

early 이른 – early 일찍
late 늦은 – late 늦게
daily 매일의 – daily 매일

### 형태가 2개인 부사

hard 열심히, 단단히 – hardly 거의 ～않다
late 늦게 – lately 최근에

**A** 주어진 문장에서 진하게 표시된 곳의 우리말 해석을 쓰시오.

1. The man works **early and late**. (그 남자는 _____ 일한다.)

2. I should get up **early**. (나는 _____ 일어나야만 한다.)

3. I was **late** for the party. (나는 그 파티에 _____.)

4. I drive home **late**. (나는 _____ 집으로 운전했다.)

5. This is a **daily** newspaper. (이것은 _____ 오는 신문이다.)

6. I walk 2 kilometers **daily**. (나는 _____ 2킬로미터를 걷는다.)

7. The ice cream is very **hard**. (그 아이스크림은 매우 _____.)

8. He **hardly** comes on time. (그는 _____ 정각에 오지 _____.)

9. I arrived ten minutes **late**. (나는 10분 _____ 도착했다.)

10. She bought a new dress **lately**. (그녀는 _____ 새로운 드레스를 샀다.)

**B** 주어진 문장의 괄호 안에서 어법상 적절한 것을 고르시오.

1. I've tried (hard, hardly) to pass the exam.

2. James came (late, lately) for school.

3. I (hard, hardly) see him these days.

4. What did you do (late, lately)?

5. The player always run (fast, fastly).

# 빈도부사

always(항상), usually(보통), often(종종), sometimes(때때로), never(결코 ~않는) 등은 정도, 빈도를 나타내는 빈도부사라고 하는데 일반동사 앞 혹은 조동사나 be동사 뒤에 위치한다.

I can **always** speak English very well. 나는 항상 영어로 매우 잘 말할 수 있다.
Jenny **usually** goes to school by bus. Jenny는 보통 버스를 타고 학교에 간다.
She is **often** late for school. 그녀는 종종 학교에 늦는다.
Bred **sometimes** visits his parents. Bred는 때때로 부모님을 방문한다.
He **never** tells a lie. 그는 결코 거짓말을 하지 않는다.

**주어진 문장의 괄호 안에 주어진 빈도부사를 알맞은 위치에 넣으시오.**

1. I change my hair style. (often)
2. I drink a lot of water. (always)
3. He runs fast. (never)
4. James uses his credit card. (usually)
5. The bears are hungry in spring. (sometimes)
6. My brother and I make a snowman. (never)
7. My mom cooks Italian dishes. (sometimes)
8. The children visit their grandparents. (often)
9. Jenny washes the dishes. (usually)
10. Mt. Mont Blanc is covered with snow. (always)
11. Thomas reads a newspaper. (often)
12. Bill plays the guitar. (usually)
13. The dog bites someone. (never)
14. My family go to church on Sundays. (always)
15. Benson walks to the market. (often)
16. The store closes at 7 o'clock. (usually)
17. The teacher wears the pink dress. (often)
18. I go to a luxury restaurant for lunch. (never)
19. He gives his wife some roses. (often)
20. Phillip is at home. (usually)

# 타동사 + 부사

'타동사 + 부사'로 이루어진 문장에서 다음 어순에 주의해야 한다.
- 목적어가 명사일 경우 '타동사 + 명사 + 부사'나 '타동사 + 부사 + 명사' 모두 가능
- 목적어가 대명사일 경우 '타동사 + 대명사 + 부사'는 가능하지만 '타동사 + 부사 + 대명사'로 쓸 수는 없다.

- We **gave up the plan**. 우리는 그 계획을 포기했다.
  We **gave the plan up**.

- I **turn it on.** 나는 그것을 켰다.
  I turn on it. (×)

- We **called it off**. 우리는 그것을 취소했다.
  We called off it. (×)

**주어진 문장의 괄호 안에서 어법상 적절한 것을 고르시오.**

1. My father will come to (pick up me, pick me up).

2. They (called off it, called off the promise).

3. Please (turn off it, turn the TV off).

4. James (threw it away, threw away it).

5. Could you (turn on it, turn on the switch)?

6. Jenny (put on it, put it on).

7. I have to (bring them back, bring back them).

8. A gentlemen (took off it, took his coat off).

9. They don't want to (give it up, give up it).

10. Can I (try it on, try on it)?

# 쓰임을 잘 알아두어야 하는 부사

### good과 well

|  | good | well |
|---|---|---|
| 문장 성분 | 형용사 | 부사 |
| 하는 일 | 명사 수식, 보어 | 동사 수식 |

- Jenny is **good** at playing the piano. – 동사의 보어로 쓰인 형용사
  = Jenny plays the piano **well**. Jenny는 피아노를 잘 친다. – 동사를 수식하는 부사

### too와 either

|  | too | either |
|---|---|---|
| 의미 | 또한, 역시 | 또한, 역시 |
| 쓰이는 문장 | 긍정문 | 부정문 |

- I like cats. He likes cats, **too**. 나는 고양이들을 좋아한다. 그도 역시 고양이들을 좋아한다.
  I don't like cats. He doesn't like cats, **either**. 나는 고양이들을 싫어한다. 그도 역시 고양이들을 싫어한다.

**A** 주어진 문장의 괄호 안에서 어법상 적절한 것을 고르시오.

1. My parents go to church, (too, either).

2. I am a student, (too, either).

3. James doesn't speak Spanish, (too, either).

4. I don't know how to play the piano, (too, either).

5. If you don't go, I won't go, (too, either).

6. James doesn't like science fictions, (too, either).

7. There are many people in the shop, (too, either).

8. I can't find the diamonds, (too, either).

9. Jenny graduated from New York University, (too, either).

10. She should go to bed early, (too, either).

11. Tony usually plays the piano, (too, either).

12. Glad to meet you, (too, either).

13. He joined the trip, (too, either).

14. I couldn't pass the exam, (too, either).

15. My mother came from Canada, (too, either).


**B** 주어진 문장의 빈칸에 good 또는 well을 넣으시오.

1. James speaks English _____ .

2. I like your jacket. It looks _____ .

3. He is _____ known as 'Dancing Machine'.

4. A: How's it going?

   B: Pretty _____ !

5. These foods are _____ for our health.

6. People spoke _____ of him.

7. Reading books is _____ for you.

8. I cannot play the guitar _____ .

9. Mr. Brown is a _____ teacher.

10. A good beginning makes a _____ ending.

# 의문부사

- **where**: '어디에'라는 의미로 장소를 물을 때 쓴다.
- **when**: '언제'라는 의미로 시간을 물을 때 쓴다.
- **why**: '왜'라는 의미로 이유를 물어볼 때 쓴다.
- **how**: '얼마나', '어떻게' 등 정도나 방법을 물을 때 쓴다.

- A: **Where** did you eat lunch? 어디에서 점심을 먹었니?
  B: I went to a burger house. 햄버거 가게에 갔어.

- A: **When** will you meet him? 언제 그를 만날 거니?
  B: I don't know exactly. 정확히 모르겠어.

- A: **Why** were you absent from school yesterday? 왜 어제 학교에 결석했니?
  B: Because I had a cold. 감기 때문에.

- A: **How** many CDs do you have? 얼마나 많은 CD를 가지고 있니?
  B: I have about three hundred CDs. 약 300장 정도.

**A** 주어진 우리말에 맞게 빈칸에 알맞은 의문부사를 넣으시오.

1. 언제 부모님을 방문할 거니?       _____ will you visit your parents?
2. 어디에 사니?       _____ do you live?
3. 어떻게 그 커피를 만드니?       _____ do you make the coffee?
4. 왜 그를 지켜보니?       _____ do you look at him?
5. 언제 그 영화를 보았니?       _____ did you see the movie?
6. 어젯밤 그들은 어디에서 잤니?       _____ did they sleep last night?
7. 얼마나 여기에 머물 예정이니?       _____ long will you stay here?
8. 왜 어제 Jenny가 도망쳤니?       _____ did Jenny run away yesterday?
9. 이것은 얼마입니까?       _____ much is it?
10. 왜 울고 있니?       _____ are you crying?

**B** 주어진 대화에서 어법상 적절한 것을 고르시오.

1. A: (When, Where) does Jane finish the work?
   B: About 6 o'clock.

2. A: (How, When) often do you get a hair cut?
   B: Once a month.

3. A: (How, Where) many brothers and sisters do you have?
   B: I have two brothers.

4.  A : (How, Why) old is your sister?
    B : She is thirteen.

5.  A : (Why, When) will we meet?
    B : Let's meet at four.

6.  A : (How, Where) is Tom from?
    B : He is from America.

7.  A : (Why, Where) are your brothers?
    B : They're in their room.

8.  A : (How, When) often does Jane read books?
    B : Once a month.

9.  A: (When, Where) does Jenny take a bus?
    B: At the opposite of the school.

10. A : (Why, How) are you so happy?
    B : Because today is my birthday.

11. A: (When, How) did he lose the key?
    B: Around 7 o'clock.

12. A: (Why, Where) are you so sad?
    B: Because my mom is sick.

13. A: (Why, How) many teachers are there in your school?
    B : There are about 60 teachers.

14. A: (How, Where) are my socks?
    B: They are in the drawer.

15. A: (When, Where) do you leave?
    B: After 10 minutes.

16. A : (Why, How) does he run so fast?
    B : He goes jogging every morning.

17. A: (How, Where) far is it from here to the post office?
    B: It is about a kilometer.

18. A : (When, Where) does your father usually get up?
    B : He gets up at 5:30.

19. A: (Why, How) are you going to visit Europe?
    B: Because it's my business trip.

20. A : (How, When) often do you play soccer?
    B : Once a week.

# 절대 내신 문제

※ 정답 및 해설  p.050~052

**01** 주어진 단어 중 나머지 넷과 성격이 <u>다른</u> 하나는?

① big
② kind
③ small
④ beautifully
⑤ sleepy

**02** 주어진 문장에 always가 들어갈 가장 적절한 곳은?

My ① father ② reads ③ a  newspaper ④ in the ⑤ morning.

**03** 주어진 단어의 관계가 적절치 <u>않은</u> 것은?

① true − truely
② happy − happily
③ gentle − gently
④ friend − friendly
⑤ sweet − sweetly

**04** 주어진 우리말에 맞게 빈칸에 들어갈 가장 적절한 것은?

_____, I met Jenny again.
운 좋게도, 나는 Jenny를 다시 만났다.

① Fortune
② Fortunate
③ Fortunately
④ Unfortune
⑤ Unfortunate

**05** 주어진 문장의 밑줄 친 부분과 쓰임이 같은 것은?

Do you like this song, <u>too</u>?

① I'm glad to meet you, <u>too</u>.
② The score is <u>too</u> bad.
③ You are <u>too</u> late.
④ That's <u>too</u> right.
⑤ It is <u>too</u> cold in winter.

**06** 주어진 대화의 밑줄 친 부분에 들어가기에 <u>어색한</u> 것은?

A: How often does Josh work with you?
B: He _____ works with me.

① always
② sometimes
③ yet
④ often
⑤ never

**07** 주어진 단어의 관계가 나머지와 <u>다른</u> 하나는?

① kind   − kindly
② easy   − easily
③ heavy − heavily
④ friend − friendly
⑤ quiet  − quietly

**08** 주어진 문장의 빈칸에 적절치 <u>않은</u> 것은?

Jenny walks _____.

① smoothly
② hardly
③ slowly
④ well
⑤ everyday

**09** 주어진 괄호 안에서 알맞은 것을 골라 짝지은 것은?

> James can swim (good, well).
> (Why, Where) are you from?
> This food is (very, good) for your health.

① good — Why — good
② good — Why — very
③ well — Why — good
④ well — Where — good
⑤ well — Why — very

**10** 주어진 문장의 빈칸에 적절하지 <u>않은</u> 것은?

> Jonathan is my best friend. He is _____.

① handsome    ② honest
③ tall    ④ kind
⑤ warmly

**11** 주어진 문장에서 가장 거짓말을 하지 <u>않는</u> 사람은?

① James never tells a lie.
② Bill sometimes tells a lie.
③ Josh always tells a lie.
④ Chris often tells a lie.
⑤ Jessy usually tells a lie

**12** 주어진 문장의 밑줄 친 부분의 쓰임이 적절한 것은?

① She runs <u>good</u>.
② He solved the problem <u>easily</u>.
③ The baby walks to the room <u>slow</u>.
④ <u>Nicely</u> to meet to you.
⑤ She is a <u>well</u> swimmer.

**13** 주어진 대화의 빈칸에 들어갈 가장 적절한 것은?

> A : How did you buy your pants?
> B : _____

① I bought it yesterday.
② I bought it for cash.
③ I didn't want to buy new one.
④ It is a very expensive.
⑤ I could buy it.

**14** 주어진 대화의 빈칸에 들어갈 가장 적절한 것은?

> A: _____
> B: I am interested in reading books.

① How old are you?
② What's your name?
③ Where are you going?
④ When does he go to the library?
⑤ What do you like doing?

**15** 주어진 문장 중 어법상 적절치 <u>못한</u> 것은?

① Jenny sometimes buys a doll.
② Mike never watches TV.
③ He is often late for school.
④ James uses always a computer.
⑤ I usually play basketball with Jim.

**16** 주어진 문장의 밑줄 친 부분의 의미가 <u>다른</u> 것은?

① James is <u>pretty</u> handsome.
② Jenny is a <u>pretty</u> girl.
③ I feel <u>pretty</u> tired.
④ It is <u>pretty</u> cold.
⑤ This food is <u>pretty</u> good.

**17** 주어진 문장의 밑줄 친 부분이 가장 적절한 것은?

① We must listen <u>carefully</u>.
② Does he <u>hard</u> play the piano?
③ You have to touch the phone <u>soft</u>.
④ The man is listening <u>quiet</u> to music.
⑤ They can drive <u>well very</u>.

**18** 주어진 문장의 빈칸에 들어갈 가장 적절한 것은?

Tom _____ in the morning.

① always gets up late
② gets up always late
③ always late gets up
④ late gets up always
⑤ gets up late always

**19** 주어진 문장의 밑줄 친 부분이 <u>어색한</u> 것은?

① I can't fly, <u>either</u>.
② She has never been to Europe, <u>either</u>.
③ Ben is young, tall, and smart, <u>either</u>.
④ Josh isn't an American, <u>either</u>.
⑤ I don't like playing the guitar, <u>either</u>.

**20** 주어진 문장의 밑줄 친 부분 중 always가 들어갈 곳으로 적절치 <u>못한</u> 것은?

① James _____ speaks in English.
② My mother _____ is kind.
③ Do you _____ watch the show?
④ I _____ eat vegetables.
⑤ She _____ takes care of the baby.

**서술형 주관식 문제**

**1** 주어진 두 문장의 의미가 같게 빈칸에 알맞은 단어를 넣어 완성하시오.

He is a careful driver.
= He drives _____.

**[2-3]** 주어진 두 문장의 뜻이 같도록 빈칸에 알맞은 말을 쓰시오.

2. He always keeps his words.
= He _____ breaks his promise.

3. He is a very good swimmer.
= He swims _____.

**4** 주어진 대화에서 B의 틀린 부분을 어법에 맞게 고쳐 쓰시오.

A: I'd like to learn how to surf. Are you good at surf?
B: No, I am not. I am not good at surf, too.

_____ → _____

**5** 주어진 우리말에 맞도록 괄호 안의 말을 바르게 배열하시오.

David는 어젯밤 기차를 타고 서울로 갔다.
(Seoul, to, train, last night, by, went, David)

_____.

# 수능
## 절대 문항
## 맛보기

정답 및 해설 P. 053

**01**

다음 글의 밑줄 친 부분 중 어법상 틀린 것은?

Andrew Carnegie greatly ① <u>influenced</u> the Industrial Revolution through his steel company. He ② <u>borrowed</u> money and bought stock. When he reached twenty-five, his annual income from this one investment ③ <u>alone</u> was five thousand dollars a year. From then on, it was no trouble for Andrew Carnegie to make money. Railroads, steel, oil - everything he touched brought in rich rewards till, in 1900, he was ④ <u>extreme</u> wealthy. He ⑤ <u>also</u> gave his money to build libraries and New York's Carnegie Hall.

**02**

다음 글의 밑줄 친 부분 중 어법상 틀린 것은?

① <u>Scientists have</u> knowledge of the earth in detail. For instance, they understand how mountains are made and ② <u>what a volcano is</u>. However they do not know when a volcano will send hot rock into the air. They ③ <u>may learn</u> about the outside of the earth, but they ④ <u>are not still sure</u> about the inside. There ⑤ <u>always are</u> many difficult questions of the earth for scientists.

Chapter

# 12

# 비교급

# 규칙변화형

| 원급 | 비교급 | 최상급 | 예 |
|---|---|---|---|
| 대부분 | 원급 + er | 원급 + est | tall – taller – tallest<br>old – older – oldest |
| –e로 끝난 경우 | 원급 + r | 원급 + st | large – larger – largest<br>nice – nicer – nicest |
| '자음 + y'로 끝난 경우 | y를 i로 고친 후 + er | y를 i로 고친 후 + est | pretty – prettier – prettiest<br>happy – happier – happiest<br>early – earlier – earliest |
| 단모음 + 단자음으로 끝난 경우 | 마지막 자음을 한 번 더 쓰고 + er | 마지막 자음을 한 번 더 쓰고 + est | fat – fatter – fattest<br>big – bigger – biggest<br>hot – hotter – hottest |
| 1. 3음절 이상<br>2. 분사 형태의 형용사<br>3. 형용사 + ly형태의 부사 | more + 원급 | most + 원급 | beautiful – more beautiful – most beautiful<br>tired – more tired – most tired<br>easily – more easily – most easily |

**주어진 단어의 비교급과 최상급을 쓰시오.**

1. beautiful    - _____ - _____
2. big    - _____ - _____
3. brave    - _____ - _____
4. bright    - _____ - _____
5. busy    - _____ - _____
6. calm    - _____ - _____
7. careful    - _____ - _____
8. clean    - _____ - _____
9. close    - _____ - _____
10. cool    - _____ - _____
11. curious    - _____ - _____
12. cute    - _____ - _____
13. dangerous    - _____ - _____
14. dark    - _____ - _____
15. deep    - _____ - _____

16. delicious   - _____   - _____

17. different   - _____   - _____

18. diligent   - _____   - _____

19. dirty   - _____   - _____

20. easy   - _____   - _____

21. exciting   - _____   - _____

22. expensive   - _____   - _____

23. experienced   - _____   - _____

24. fast   - _____   - _____

25. fat   - _____   - _____

26. fresh   - _____   - _____

27. friendly   - _____   - _____

28. graceful   - _____   - _____

29. great   - _____   - _____

30. happy   - _____   - _____

31. hard   - _____   - _____

32. heavy   - _____   - _____

33. helpful   - _____   - _____

34. hot   - _____   - _____

35. important   - _____   - _____

36. interesting   - _____   - _____

37. kind   - _____   - _____

38. large   - _____   - _____

39. lazy   - _____   - _____

40. light   - _____   - _____

41. loud   - _____   - _____

42. lovely   - _____   - _____

43. low   - _____   - _____

44. lucky   - _____   - _____

45. mild   - _____   - _____

46. near   - _____   - _____

47. nice   - _____   - _____

48. noisy   - _____   - _____

**49.** poor - _____ - _____

**50.** popular - _____ - _____

**51.** pretty - _____ - _____

**52.** quickly - _____ - _____

**53.** quiet - _____ - _____

**54.** rich - _____ - _____

**55.** rude - _____ - _____

**56.** smart - _____ - _____

**57.** soft - _____ - _____

**58.** special - _____ - _____

**59.** strong - _____ - _____

**60.** sweet - _____ - _____

**61.** tall - _____ - _____

**62.** tasty - _____ - _____

**63.** tough - _____ - _____

**64.** ugly - _____ - _____

**65.** useful - _____ - _____

**66.** warm - _____ - _____

**67.** weak - _____ - _____

**68.** wet - _____ - _____

**69.** wild - _____ - _____

**70.** wise - _____ - _____

# 불규칙변화형

| 원급 | 비교급 | 최상급 |
|---|---|---|
| good | better | best |
| well | better | best |
| bad | worse | worst |
| ill | worse | worst |
| many | more | most |
| much | more | most |
| little | less | least |
| old | older(더 나이든) | oldest |
| old | elder(연상의) | eldest |
| far | farther(더 멀리) | farthest |
| far | further(더 이상의) | furthest |

**주어진 단어의 비교급과 최상급을 쓰시오.**

1. angry    - _____ - _____

2. bad    - _____ - _____

3. badly    - _____ - _____

4. boring    - _____ - _____

5. cold    - _____ - _____

6. comfortable    - _____ - _____

7. costly    - _____ - _____

8. difficult    - _____ - _____

9. disappointed    - _____ - _____

10. easily    - _____ - _____

11. faithful    - _____ - _____

12. famous    - _____ - _____

13. far(더 멀리)    - _____ - _____

14. far(더 이상의)    - _____ - _____

15. generous    - _____ - _____

16. glad    - _____ - _____

17. good - _____ - _____

18. gorgeous - _____ - _____

19. handsome - _____ - _____

20. high - _____ - _____

21. hopeless - _____ - _____

22. ill - _____ - _____

23. little - _____ - _____

24. long - _____ - _____

25. many - _____ - _____

26. missed - _____ - _____

27. moved - _____ - _____

28. much - _____ - _____

29. natural - _____ - _____

30. new - _____ - _____

31. old(나이 든) - _____ - _____

32. old(연상의) - _____ - _____

33. peaceful - _____ - _____

34. perfect - _____ - _____

35. serious - _____ - _____

36. shocked - _____ - _____

37. shy - _____ - _____

38. similar - _____ - _____

39. slim - _____ - _____

40. small - _____ - _____

41. soon - _____ - _____

42. sunny - _____ - _____

43. thick - _____ - _____

44. thin - _____ - _____

45. thirsty - _____ - _____

46. tired - _____ - _____

47. useless - _____ - _____

48. well - _____ - _____

49. wonderful - _____ - _____

50. young - _____ - _____

# 원급 비교

Fragment 03

원급 비교는 as ~ as 사이에 형용사나 부사의 원급을 넣어서 표현(…만큼 ~하다)한다. 부정문은 not as(so) ~as로 표현한다.

- Mary is **as tall as** Tom. Mary는 Tom만큼 크다.
  Mike sings **as well as** Jane. Mike는 Jane만큼 노래를 잘한다.

- He is **not so young as** Tom. 그는 Tom만큼 젊지 않다.
  My house is **not so nice as** yours. 나의 집은 너의 것만큼 좋지 않다.

**주어진 우리말에 맞게 괄호 안의 단어를 이용하여 빈칸을 완성하시오.**

1. 건강은 돈만큼 중요하다.
   Health is _____ money. (important)

2. 강아지는 고양이만큼 귀엽다.
   A puppy is _____ a cat. (cute)

3. 그 물은 얼음처럼 차가웠다.
   The water was _____ ice. (cold)

4. 역사는 만화책만큼 재미있다.
   History is _____ comic books. (interesting)

5. 이곳은 너의 집만큼 안전하다.
   This place is _____ your house. (safe)

6. 이번 달은 저번 달만큼 덥지 않다.
   This month is _____ last month. (hot)

7. 그는 James만큼 영어를 잘한다.
   He can speak English _____ James. (well)

8. 미국은 영국만큼 작지 않다.
   America is _____ England. (small)

9. Jenny는 Steve만큼 뚱뚱하지 않다.
   Jenny is _____ Steve. (fat)

10. 이 의자는 침대만큼 안락하다.
    This chair is _____ a bed. (comfortable)

# 비교급을 이용한 비교

- 비교급을 이용한 비교는 'A + 비교급 than + B'로 표현하고, 부정형은 'B + less 원급 than + A'로 쓴다.
- 의미의 강조를 위해 '점점 더 ~한'의 의미로 '비교급 + and + 비교급' 또는 'more and more + 비교급'의 형태로 쓰일 수 있다.

Tom can swim **faster than** Sam. Tom은 Sam보다 빨리 수영할 수 있다.
He is **less** happy **than** you. 그는 너보다 덜 행복하다.
The trees grow **bigger and bigger**. 그 나무들은 점점 더 크게 자란다.
It's getting **hotter and hotter**. 점점 더 더워지고 있다.

**A** 주어진 괄호 안의 단어를 이용하여 비교급 문장을 완성하시오.

1. This box is ＿＿＿＿＿＿＿＿＿＿ that one. (heavy)

2. This year will be ＿＿＿＿＿＿＿＿＿＿ last year. (hot)

3. Los Angeles is ＿＿＿＿＿＿＿＿＿＿ Oklahoma. (large)

4. These flowers are ＿＿＿＿＿＿＿＿＿＿ those ones. (pretty)

5. Apples are ＿＿＿＿＿＿＿＿＿＿ tomatoes. (sweet)

6. This movie is ＿＿＿＿＿＿＿＿＿＿ 'The Dracula.' (interesting)

7. His family is ＿＿＿＿＿＿＿＿＿＿ Julie's. (happy)

8. My brother is ＿＿＿＿＿＿＿＿＿＿ me. (diligent)

9. This question is ＿＿＿＿＿＿＿＿＿＿ that one. (difficult)

10. I eat ＿＿＿＿＿＿＿＿＿＿ my sister. (quickly)

11. His acting is ＿＿＿＿＿＿＿＿＿＿ yours. (good)

12. The room is ＿＿＿＿＿＿＿＿＿＿ the dining room. (bright)

13. Iron is ＿＿＿＿＿＿＿＿＿＿ gold. (useful)

14. Heracles is ＿＿＿＿＿＿＿＿＿＿ a lion. (strong)

15. This style is ＿＿＿＿＿＿＿＿＿＿ that one. (fashionable)

16. English is ＿＿＿＿＿＿＿＿＿＿ Korean. (easy)

17. Cheetahs are ＿＿＿＿＿＿＿＿＿＿ tigers. (fast)

18. This bag is ＿＿＿＿＿＿＿＿＿＿ hers. (expensive)

19. I like English ＿＿＿＿＿＿＿＿＿＿ math. (good)

20. My mother is ＿＿＿＿＿＿＿＿＿＿ Sarah's. (young)

**B** 주어진 문장의 괄호 안에 어법상 적절한 것을 고르시오.

1. Murder is (bader, worse) than his doing.

2. Yuna is (cuter, more cute) than Jessica.

3. The train is (faster, fastest) than the car.

4. Roses are (beautifuler, more beautiful) than lilies.

5. This restaurant is as (expensive, more expensive) as that one.

6. He eats (less, littler) than before.

7. I bought a (cheap, cheaper) skirt than Jenny's.

8. This novel is (popularer, more popular) than that one.

9. This hotel is (neat, neater) than my room.

10. Jason walked (far, farther) than I did.


**C** 주어진 우리말에 맞게 괄호 안의 단어와 비교급을 이용하여 빈칸을 완성하시오.

1. 그의 말하기는 점점 더 좋아지고 있다.
   His speech is getting _____. (good)

2. 나의 점수는 점점 더 나빠지고 있다.
   My score is getting _____. (bad)

3. 그 서비스는 점점 더 친절해지고 있다.
   The service is getting _____. (kind)

4. 그 수업은 점점 더 어려워지고 있다.
   The class is getting _____. (difficult)

5. James는 점점 더 유명해지고 있다.
   James is getting _____. (famous)

6. 그 방은 점점 더 어두워지고 있다.
   The room is getting _____. (dark)

7. 그 소녀의 얼굴은 점점 더 붉어지고 있다.
   The girl's face is getting _____. (red)

8. 그의 모닝콜은 점점 더 빨라지고 있다.
   His morning call becomes getting _____. (early)

9. 그녀의 사전은 점점 더 두꺼워지고 있다.
   Her dictionary is getting _____. (thick)

10. 그 차의 가격은 점점 더 싸졌다.
    The car's price became _____. (cheap)

## 비교급 강조 부사

비교급의 강조는 much · still · far · even · a lot 등의 부사를 비교급 앞에 붙여서 '훨씬 더 ~한'의 의미로 쓰인다. 이때 very는 올 수 없다는 것에 주의해야 한다.

Tom is **even** taller than Michael. Tom은 Michael보다 훨씬 더 크다.
The health is **far** more important than the wealth. 건강은 재산보다 훨씬 더 중요하다.

**A** 주어진 괄호 안의 단어를 이용하여 비교급을 강조하는 문장을 완성하시오.

1. This cat is _____ than yours. (far, big)
2. Jane sings _____ than me. (even, good)
3. Venus is _____ than Hera. (a lot, beautiful)
4. Health is _____ than money. (still, important)
5. Athens is _____ than New York. (far, old)
6. Bill is _____ than James. (even, fat)
7. An airplane is _____ than a train. (much, fast)
8. I like baseball _____ than soccer. (even, good)
9. My sister gets up _____ than I. (far, early)
10. This house is _____ than I thought. (still, large)

**B** 주어진 문장의 밑줄 친 곳 앞에 괄호 안의 단어가 들어갈 수 있으면 O, 그렇지 않으면 X를 쓰시오.

1. Today is <u>colder than</u> yesterday. (even) _____
2. He studies <u>harder than</u> I do. (still) _____
3. The man <u>looks strange</u>. (a lot) _____
4. They like soccer <u>better than</u> golf. (very) _____
5. Minho has breakfast <u>later than</u> David. (far) _____
6. Samson is <u>healthier than</u> Medusa. (very) _____
7. This container is <u>lighter than</u> that one. (even) _____
8. The bag is <u>thinner than</u> mine. (much) _____
9. It's a <u>sweet chocolate</u>. (very) _____
10. He can run <u>faster than</u> Bill. (far) _____
11. The building is <u>higher than</u> the post office. (very) _____
12. Jane's dog is <u>smarter than</u> Bill's dog. (even) _____

# 최상급

최상급은 셋 이상의 것 중에 가장 뛰어난 것을 나타낼 때 쓰이는데, 일반적으로 앞에 정관사 the가 붙는다.

She is **the prettiest** in the class. 그녀는 반에서 가장 예쁘다.

**A** 주어진 괄호 안의 단어를 이용하여 최상급 문장을 완성하시오.

1. She is the _____ of all. (cute)

2. Light is the _____ in the world. (fast)

3. China is the _____ country in Eastern Asia. (large)

4. This point is the _____ sea in the world. (deep)

5. Jenny is the _____ of all students. (careful)

6. James is the _____ of three men. (handsome)

7. Jill is the _____ person in this company. (excellent)

8. Last Sunday was one of the _____ day in my life. (beautiful)

9. This test is the _____ of the all. (important)

10. Jonathan is the _____ of my friends. (heavy)

11. Dancing is one of the _____ things at the party. (exciting)

12. Making money is not the _____ thing in life. (valuable)

13. Dorothy is the _____ of her friends. (young)

14. Who is the _____ player in the League? (famous)

15. Math is the _____ of all subjects. (difficult)

16. Mt. Huji is the _____ mountain in Japan. (high)

17. Bill is the _____ of them all. (shy)

18. Winter is the _____ season of the year. (late)

19. What is the _____ river in Korea? (long)

20. This room is the _____ in my house. (dark)

# 절대 내신 문제

**01** 주어진 단어의 관계가 나머지 넷과 <u>다른</u> 것은?

① big  − bigger
② small  − smaller
③ good  − better
④ sing  − singer
⑤ strong − stronger

**02** 주어진 비교급의 형태가 <u>어색한</u> 것은?

① more beautiful
② more pretty
③ more exciting
④ more important
⑤ more interesting

**03** 주어진 단어의 비교급, 최상급이 <u>어색한</u> 것은?

① big   − bigger  − biggest
② early  − earlier − earliest
③ good  − better  − best
④ much  − more  − most
⑤ little  − less   − lest

**04** 주어진 문장의 빈칸에 들어갈 가장 적절한 비교 표현은?

| This is _____ that. |
| --- |

① more important
② more important as
③ less important as
④ as important
⑤ as important as

**05** 주어진 문장의 빈칸에 들어갈 가장 적절한 것은?

| James is eleven years old. His classmate, Bill is ten years old. James is _____ Bill. |
| --- |

① old          ② older
③ older than      ④ less old
⑤ less old than

**06** 주어진 대화의 빈칸에 들어갈 가장 적절한 것은?

| A: We don't have enough time.<br>B: Let's take a taxi. It is _____. |
| --- |

① fastly         ② safer
③ faster         ④ well
⑤ more faster

**07** 주어진 문장의 밑줄 친 부분 중 어법상 <u>어색한</u> 것은?

| <u>My</u> bag <u>is</u> <u>more heavy</u> <u>than</u> your <u>bag</u>.<br>　①　　　②　　　③　　　④　　　⑤ |
| --- |

[8~9] 주어진 보기의 문장과 의미가 같은 것을 고르시오.

**08**

| 보기 Jenny is not as pretty as Clara. |
| --- |

① Jenny is as pretty as Clara.
② Clara is as prettier as Jenny.
③ Clara is not prettier than Jenny.
④ Clara is prettier than Jenny.
⑤ Jenny is prettier than Clara.

※ 정답 및 해설  p.056~058

**09**

보기  Chris and Steve are the same age.

① Chris is the oldest.
② Steve is as old as Chris.
③ Chris is older than Steve.
④ Steve is older than Chris.
⑤ Steve is not as old as Chris.

**10** 주어진 문장의 빈칸에 들어갈 가장 적절한 것은?

Ward is the _____ boy in his class.

① big            ② bigger
③ biggest        ④ more big
⑤ most big

**11** 주어진 문장의 빈칸에 알맞은 말로 적절하게 짝지어진 것은?

Baseball is _____ interesting than Tennis.
Baseball is the _____ interesting sport in the world.

① more − more        ② more − most
③ most − more        ④ most − most
⑤ better − best

**12** 주어진 문장의 밑줄 친 부분 중 어법상 어색한 것은?

① I am busier than Jason.
② She is fatter than her mother.
③ Kelly is beautifuller than Jina.
④ Patrick is stronger than Peter.
⑤ It is hotter than that one.

**13** 주어진 문장의 빈칸에 들어갈 말이 다른 하나는?

① He is still taller _____ you.
② Jane sings better _____ me.
③ Athens is older _____ Rome.
④ She is much more famous _____ you.
⑤ I don't watch TV as much _____ you.

**14** 주어진 문장의 빈칸에 들어갈 가장 적절한 것은?

Last night, I went to bed _____ than usual.

① early          ② earlier
③ more early     ④ earliest
⑤ most early

**15** 주어진 문장 중 어법상 어색한 것은?

① This pencil is more longer than the pen.
② This one is better than yours.
③ The dog runs faster than Jenny.
④ The car is more expensive than mine.
⑤ This soup is sweeter than that cake.

**16** 주어진 대화에서 B가 가장 좋아하는 사람은?

A: Do you like James?
B: Yes, I like James best.
A: Which people do you like better, Anderson or Jim?
B: Jim.

① Jim              ② James
③ Jim, James       ④ Anderson, Jim
⑤ Anderson

**17** 주어진 문장의 빈칸에 들어갈 가장 적절한 것은?

> She didn't exercise as _____ as I did.

① hard          ② harder
③ hardest       ④ more hard
⑤ more harder

**18** 주어진 문장의 밑줄 친 부분 중 어법상 어색한 것은?

> Jonathan <u>arrived</u> <u>at</u> home <u>much</u> <u>late</u> than
>     ①    ②        ③  ④
> Jason <u>last night</u>.
>      ⑤

**19** 주어진 문장의 빈칸에 들어갈 가장 적절한 것은?

> He is _____ more generous than his sister.

① still          ② very
③ for            ④ by
⑤ many

**20** 주어진 문장의 내용으로 보아 적절한 Thomas의 나이는?

> Timmy is 13 years old.
> John is two years older than Timmy.
> Thomas is one year younger than John.

① 13           ② 14
③ 15           ④ 16
⑤ 17

### 서술형 주관식 문제

**[1-2]** 주어진 문장에서 어법상 <u>어색한</u> 것을 찾아 고치시오.

1. The sun is more large than the moon.

    _____

2. It is the difficultest in the final exam.

    _____

**[3-4]** 주어진 우리말에 맞게 빈칸에 알맞은 말을 넣어 문장을 완성하시오.

3. 에베레스트 산은 세계에서 가장 높은 산이다.
Mt. Everest is _____
mountain in the world.

4. 점점 더 외국인들은 한국에 대해서 더욱 관심을 가진다.
M_____ foreigners
are interested in Korea.

**5** 주어진 우리말에 맞게 괄호 안의 단어를 배열하시오.

이 지역에서 1월은 2월보다 더 추운 달이다.
(colder, January, February, than, is) in this
area.

_____

# 수능 절대 문항 맛보기

정답 및 해설 P. 058

## 01 다음 글의 밑줄 친 부분 중 어법상 틀린 것은?

Have you ever closely observed frogs? They have ① <u>flat heads</u> and big eyes, have no tails. But they have long back legs. These are used for jumping. They also have large back feet. These are of great use in water. There are ② <u>many types</u> of frogs. Some are ③ <u>as bigger as</u> a man's shoe. ④ <u>Others</u> are about the size of bugs. Frogs also come in many colors. ⑤ <u>Many</u> are green. Others are brown, black, red, or white. Some frogs are spotted. There are even some that have yellow stripes.

## 02 다음 글의 밑줄 친 부분 중 어법상 틀린 것은?

This is a story about my father's love towards my mom. One day, while talking on the phone, my father ① <u>waited</u> on the chair. He ② <u>sat</u> with his head in his hands. He ③ <u>was looking forward to</u> good news about his wife. His eye felt like a piece of red hot metal. I was talking with the hospital in Chicago. Doctor said " Your mother is here. She is ④ <u>many better</u> than before. There is no danger. You don't ⑤ <u>need to worry</u> about her."

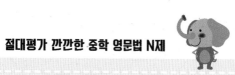

해 설 집

깐깐깐한
중학영문법
N제

1

저자 Wiz Tool 영어 연구소

랭기지플러스

# 깐깐한 중학영문법 N제 1

## 해설집

랭기지플러스

## Chapter 01

# 기본 동사와 문장의 종류

**Fragment 01** be동사의 단·복수와 과거     p.010

**A** 1. am  2. is  3. is  4. are  5. are  6. is
7. are  8. is  9. is  10. is

**B** 1. were  2. was  3. was  4. was  5. were
6. was  7. was  8. were  9. is  10. is

**A** 1. 나는 학생이다.
2. Jenny는 학생이다.
3. 이것은 좋은 책이다.
4. 그들은 우리 반이다.
5. 너는 좋은 사람이다.
6. 아름다운 날이다.
7. 너와 James는 형제이다.
8. Tiara는 오늘 집에 있다.
9. 우리 아버지는 회사에 계신다.
10. 오늘은 일요일이다.

**B** 1. 우리는 좋은 회원이었다.
2. 어제가 화요일이었다.
3. 창문이 열려 있었다.
4. Miss Katie는 의사였다.
5. 우리는 행복했다.
6. 날씨가 어제는 좋았다.
7. 그 가게는 문을 닫았다.
8. 모든 학생이 같은 반이다.
9. 이곳은 좋은 학교이다.
10. 그것은 책이다.

**Fragment 02** be동사의 부정문, 축약형     p.011

**A** 1. Today is not Saturday.
2. Yuna Kim is not a good skater.
3. I am not tired today.
4. Jason is not busy today.
5. He is not a stranger.
6. We are not happy.
7. They are not students.
8. Both windows are not open.
9. We are not policemen.
10. My brothers are not angry.

**B** 1. It's  2. I'm  3. That's  4. We're  5. She's
6. He's  7. You're  8. She's  9. It's
10. They're

**A** 1. 오늘은 토요일이다.
2. 김연아는 좋은 스케이트 선수이다.
3. 나는 오늘 피곤하다.
4. Jason은 오늘 바쁘다.
5. 그는 이곳이 처음이다.
6. 우리는 행복하다.
7. 그들은 학생이다.
8. 창문이 둘 다 열려 있다.
9. 우리는 경찰이다.
10. 형제들은 화가 났다.

**B** 1. 오늘은 토요일이다.
2. 나는 좋은 발표자이다.
3. 그것은 연습이다.
4. 우리는 오늘 바쁘다.
5. 그녀는 좋은 친구이다.
6. 그는 9살이다.
7. 너는 매우 아름답다.
8. 그녀는 친절하지 않다.
9. 춥지 않다.
10. 그들은 미국인이 아니다.

**Fragment 03** 일반동사의 부정문     p.012

1. He doesn't get up early.
2. I don't want your help.
3. I don't like animals.
4. Jenny usually doesn't break a promise.
5. My mother doesn't love me.
6. He didn't watch television in the room.
7. My mother didn't write a letter.
8. I didn't stay in the bed.
9. We didn't buy beautiful pictures.
10. She didn't study about science.

1. 그는 일찍 일어난다.
2. 나는 너의 도움을 원한다.
3. 나는 동물을 좋아한다.
4. Jenny는 대개 약속을 깬다.
5. 엄마는 나를 사랑하신다.
6. 그는 방 안에서 텔레비전을 봤다.

7. 엄마는 편지를 썼다.

8. 나는 침대에 있었다.

9. 우리는 아름다운 그림을 샀다.

10. 그녀는 과학을 공부했다.

**Fragment 04** 의문사가 없는 의문문                    p.013~014

**A** 1. Are they tennis players?

2. Are Jenny and Tony in the same class?

3. Is he an excellent dancer?

4. Are we busy today?

5. Is this a difficult exercise?

6. Is this a good point?

7. Does Chris come from Canada?

8. Are you and Henry cousins?

9. Does John speak English well?

10. Did he walk to school with Jane?

**B** 1. Yes, he does.        2. No, I don't.

3. No, they don't        4. Yes, she does.

5. No, she didn't.       6. Yes, I am.

7. Don't you            8. Doesn't she

9. Don't you            10. Yes, I do

**A** 1. 그들은 테니스 선수이다.

2. Jenny와 Tony는 같은 반이다.

3. 그는 훌륭한 춤꾼이다.

4. 우리는 오늘 바쁘다.

5. 이것은 어려운 운동이다.

6. 이것이 좋은 점이다.

7. Chris는 캐나다 출신이다.

8. 너와 Henry는 사촌이다.

9. John은 영어를 잘한다.

10. 그는 Jane과 함께 학교에 걸어갔다.

**B** 1. A: 그는 물을 마시지 않니?

B: 아니오, 마셨어요.

2. A: 너는 운전을 하지 않니?

B: 네, 하지 않았어요.

3. A: 그들은 청바지를 입지 않았나요?

B: 네, 입지 않았어요.

4. A: 그녀는 숙제를 하지 않았나요?

B: 아니오, 했어요.

5. A: 그녀는 어제 음악을 듣지 않았나요?

B: 네, 듣지 않았어요.

6. A: 당신은 의사가 아닌가요?

B: 아니오, 의사예요.

7. A: 문을 열지 않았나요?

B: 아니오, 열었어요.

8. A: 그녀가 피아노를 치지 않았나요?

B: 네. 치지 않았어요.

9. A: 당신은 영어를 잘 못하나요?

B: 아니오, 잘해요.

10. A: 당신은 새로운 드레스를 사지 않았나요?

B: 아니오, 샀어요.

**Fragment 05** 의문사가 있는 의문문                    p.015

1. Who is she?

2. Where does Mary work?

3. What does he do?

4. How do you feel today?

5. What is her name?

6. Why do they work so hard?

7. How was your picnic?

8. When does the next train leave?

9. What is your hobby?

10. How does she know the truth?

1. A: 그녀가 누구인가요?

B: 그녀는 나의 선생님입니다.

2. A: Mary는 어디에서 일하나요?

B: 그녀는 슈퍼마켓에서 일합니다.

3. A: 그의 직업은 무엇인가요?

B: 그는 화가입니다.

4. A: 오늘 기분이 어떤가요?

B: 좋습니다.

5. A: 그녀의 이름은 무엇인가요?

B: 그녀의 이름은 Laura예요.

6. A: 왜 그들이 그렇게 열심히 일하니?

B: 왜냐하면 그들은 돈이 좀 필요하기 때문이야.

7. A: 너의 소풍은 어땠니?

B: 좋았어.

8. A: 다음 열차가 언제 떠납니까?

B: 10시예요.

9. A: 취미가 무엇입니까?

B: 나는 때때로 피아노를 연주합니다.

10. A: 어떻게 그녀가 그 사실을 알았나요?

B: 잘 모르겠어요.

**Fragment 06** 선택의문문, 명령문  p.016~017

**A** 1. Which do you like better apples or oranges?
2. Who cooked the dishes, Tom or James?
3. Do you have a pen or a pencil?
4. Is it a book or an album?
5. Do you go to school by bus or on foot?
6. Which would you prefer, coffee or tea?
7. Shall we go by bus or subway?
8. Is she a teacher or a student?
9. Do you speak English or Japanese?
10. Are you a Korean or a Chinese?

**B** 1. Write your homework in pencil.
2. Take the next bus.
3. Don't drive fast.
4. Use the new words.
5. Open the door.
6. Don't stop on the corner.
7. Let's sit in the circle.
8. Let's be quiet in the classroom.
9. Give the pen to Mr. Jackson.
10. Let's look up the watch.

**A** 1. 너는 사과와 오렌지 중 무엇을 더 좋아하니?
2. Tom과 James 중 누가 그 요리를 만들었니?
3. 펜과 연필 중 어떤 것을 가지고 있니?
4. 이것은 책이니 사진첩이니?
5. 너는 등교할 때 버스를 타니 걸어가니?
6. 너는 커피와 차 중 무엇을 더 좋아하니?
7. 버스와 지하철 중 우리는 무엇으로 갈까?
8. 그녀는 선생님이니 학생이니?
9. 너는 영어나 일본어를 말할 수 있니?
10. 너는 한국인이니 중국인이니?

**B** 1. 너는 연필로 숙제를 쓴다.
2. 너는 다음 버스를 탄다.
3. 너는 빠르게 운전한다.
4. 너는 새로운 단어들을 사용한다.
5. 너는 문을 연다.
6. 너는 모퉁이에서 멈춘다.
7. 우리는 둥글게 앉는다.
8. 우리는 교실에서 조용히 한다.
9. 너는 Jackson에게 이 펜을 준다.
10. 우리는 시계를 본다.

**Fragment 07** 부가의문문  p.018

| | | |
|---|---|---|
| 1. isn't she | 2. won't he | 3. do you |
| 4. can she | 5. didn't he | 6. can we |
| 7. do you | 8. will they | 9. did she |
| 10. aren't they | 11. will you | 12. will you |
| 13. will you | 14. shall we | 15. shall we |

1. 그녀는 정말 아름답지, 그렇지 않니?
2. Ben은 농구를 할 거지, 그렇지 않니?
3. 너는 초밥을 좋아하지 않지, 그렇지?
4. 그녀는 이 플레이어를 사용할 수 없지, 그렇지?
5. James는 지난밤에 열심히 일했지, 그렇지 않니?
6. 우리는 소풍을 갈 수 없지, 그렇지?
7. 너는 여름을 좋아하지 않지, 그렇지?
8. 그들은 학교에 가지 않을 거지, 그렇지?
9. Sara는 지난 수업에 그림을 잘 그리지 못했지, 그렇지?
10. 그들은 피곤하지, 그렇지 않니?
11. 조용히 해, 알았니?
12. 창문을 열어, 알았지?
13. 약속 어기지 마, 알았지?
14. 축구하자, 어떠니?
15. 포기하지 말자, 어떠니?

**Fragment 08** 감탄문  p.019

1. How old the bell is!
2. What a rich man he is!
3. What a tall girl she is!
4. How nice the games are!
5. What a cute girl she is!
6. How lazy the worker is!
7. How well he sings!
8. What smart students they are!
9. How foolish you are!
10. What a wonderful holiday it is!

1. 그 종은 정말 오래되었구나!
2. 그가 정말 부자구나!
3. 그녀가 정말 크구나!
4. 그 경기 정말 훌륭하구나!
5. 그 소녀 정말 귀엽구나!
6. 얼마나 게으른 직원인가!
7. 그는 정말 노래를 잘하는구나!
8. 학생들 정말 똑똑하구나!
9. 너 정말 멍청하구나!
10. 정말 좋은 휴일이구나!

1. ③   2. ②   3. ①   4. ①   5. ①   6. ③   7. ②
8. ⑤   9. ④   10. ③   11. ⑤   12. ④   13. ④   14. ②
15. ②   16. ⑤   17. ④   18. ⑤   19. ④   20. ②

[서술형 주관식 문제]
1. like soccer, don't you?
2. Does she have
3. Are you   4. a tall building it is   5. shall we

**1** 정답 ③
해석 ① 우리는 일본인이 아니다.
② Josh는 행복하지 않다.
③ 이것은 스마트폰이다.
④ 이것은 좋은 공책이다.
⑤ 그들은 개다.
해설 this 다음에 be동사가 오면 축약할 수 없다. 따라서 This is로 쓰는 것이 적절하다.

**2** 정답 ②
해석 Tylus는 매우 행복하다. 그는 웃고 있다.
해설 look이라는 감각동사가 나왔으므로 형용사보어가 와야 하고, 뒤에 웃고 있다는 말로 보아 '행복한'이라는 의미의 happy가 들어가는 것이 적절하다.

**3** 정답 ①
해석 그는 영어를 좋아한다.
해설 like는 일반동사이고, 주어가 3인칭 단수이므로 'Does + 주어 + 동사'의 형태가 되어야 적절한 의문문이 된다.

**4** 정답 ①
해석 A: 직업이 무엇이니?
B: 선생님이야.
해설 의문사가 있는 의문문으로 What do you do?는 '하는 일이 무엇이니?'의 의미이므로 직업을 말한 ①이 가장 적절하다.

**5** 정답 ①
해석 ① 너는 그녀를 좋아하지, 그렇지 않니?
② 그녀는 피아노를 연주할 줄 모르지, 그렇지?
③ 너는 행복하지, 그렇지 않니?
④ David는 농구를 좋아하지, 그렇지 않니?
⑤ 날씨가 춥지, 그렇지 않니?
해설 부가의문문에서 앞에 나온 동사가 긍정이면 부정의 형태가 되어야 하는데 ①은 그대로 긍정이므로 틀린 문장이다. don't you로 써야 적절하다.

**6** 정답 ③
해석 A: 여름과 겨울 중 어떤 것을 더 좋아하니?
B: 나는 겨울보다는 여름이 좋아.
해설 둘 중의 하나를 선택하는 선택의문문이므로 'which do you like better ~ or'가 되는 것이 적절하다.

**7** 정답 ②
해석 그는 수학을 잘한다.
해설 be동사의 부정문은 be동사 다음에 부정어 not이 오는 것이 적절하다.

**8** 정답 ⑤
해석 그는(James는, 형은, Kent 부인은, 부모님은) 슈퍼스타이다.
해설 is라는 be동사의 단수형이 나왔으므로 주어도 단수여야 하는데 ⑤는 복수이므로 적절하지 않다.

**9** 정답 ④
해석 ① 나는 학생이다.
② 그녀는 음악 선생님이다.
③ 그들은 미국인이다.
④ 우리는 고양이들을 좋아한다.
⑤ Tom과 John은 형제이다.
해설 ①, ②, ③, ⑤는 모두 be동사가 나왔으므로 부정문을 만들 때 be동사 뒤에 not을 붙이면 되지만 ④는 일반동사이므로 don't가 들어가야 적절하다.

**10** 정답 ③
해석 A: 너 그거 아니? 난 새로운 애완동물이 생겼어.
B: 정말? 고양이니?
A: 아니, 개야.
해설 B의 말에서 be동사로 묻고 있으므로 be동사로 답해야 한다. 빈칸 뒤에 dog라는 말이 나왔으므로, 부정문으로 대답을 해야 적절하다.

**11**　정답　⑤

　　해석　① 오늘은 Jane의 생일이다.
　　　　　② 그녀는 12살이다.
　　　　　③ James는 매우 배가 고프다.
　　　　　④ 이것은 Jenny의 공책이다.
　　　　　⑤ 그녀의 친구들이 모두 파티에 왔다.

　　해설　①~④는 be동사의 단수형이 들어가야 하고
　　　　　⑤는 복수형이 들어가는 것이 적절하다.

**12**　정답　④

　　해석　① 주스를 마십니까?
　　　　　② 나는 그를 좋아하지 않는다.
　　　　　③ 그들은 영화 보러 갑니까?
　　　　　④ 우리는 매일 숙제한다.
　　　　　⑤ 그들은 물을 원하지 않는다.

　　해설　①, ②, ③, ⑤는 모두 의문문이나 부정문을 만
　　　　　들 때 조동사처럼 쓰이는 do인데 ④는 본동사
　　　　　로서 '~하다'의 의미로 쓰인 do이다.

**13**　정답　④

　　해석　④ 그는 정말 친절한 사람이구나

　　해설　What a kind man he is는 How kind he is
　　　　　로 바꿀 수 있다.

**14**　정답　②

　　해석　① 그녀는 정말 크구나!
　　　　　② 정말 사랑스러운 날이구나!
　　　　　③ 그는 정말 빠른 소년이구나!
　　　　　④ 정말 아름다운 꽃이구나!
　　　　　⑤ 정말 좋은 컴퓨터구나!

　　해설　① How tall she is!
　　　　　③ How fast he runs!
　　　　　④ What beautiful flowers they are!
　　　　　⑤ What a good computer it is!

**15**　정답　②

　　해석　그들은 좋은 친구들이다.
　　　　　너는 의사이다.

　　해설　they나 you는 be동사로 are가 들어가야 적절
　　　　　하다. has는 3인칭단수 주어와 쓰여야 하므로
　　　　　적절지 않고 can은 뒤에 동사가 와야 하므로
　　　　　적절지 않다.

**16**　정답　⑤

　　해석　A: 그녀가 창문을 열었니?
　　　　　B: 네, 그녀가 열었어요.

　　해설　did로 답했으므로 시제가 과거임을 알 수 있
　　　　　다. 따라서 Did로 물어야 한다.

**17**　정답　④

　　해석　이 사람은(Jenny는, 그는, James와 Chris는,
　　　　　그녀는) 미국인입니까?

　　해설　is라는 be동사의 단수형이 쓰였으므로 단수
　　　　　주어가 와야 적절하다.

**18**　정답　⑤

　　해석　① A: 내가 당신의 대화 상대입니까?
　　　　　　　B: 네, 그렇습니다.
　　　　　② A: 당신은 미국에서 왔습니까?
　　　　　　　B: 아니오, 그렇지 않습니다.
　　　　　③ A: 그들은 행복합니까?
　　　　　　　B: 네, 행복합니다.
　　　　　④ A: 그가 당신의 형제입니까?
　　　　　　　B: 네, 그렇습니다.
　　　　　⑤ A: James는 좋은 선수입니까?
　　　　　　　B: 아니오, 그렇지 않습니다.

　　해설　⑤는 대답이 부정이므로 he isn't라고 말해야
　　　　　한다.

**19**　정답　④

　　해석　① 당신은 늦지 않았다.
　　　　　② 그들은 학생이 아니다.
　　　　　③ Jessy는 친절한 여자가 아니다.
　　　　　④ 그는 야구를 하지 않는다.
　　　　　⑤ 나는 집에서 TV를 보지 않는다.

　　해설　3인칭 단수의 부정문이므로 'doesn't + 동사
　　　　　원형'이 되는 것이 적절하다.

**20**　정답　②

　　해석　① 저 여자 정말 예쁘구나!
　　　　　② 정말로 큰 소년이구나!
　　　　　③ 이 건물 정말 크구나!
　　　　　④ 그는 정말 크게 말하는구나!
　　　　　⑤ 정말 지루한 영화구나!

　　해설　감탄문의 어순을 묻는 문제이다. ② 빈칸 뒤에 a
　　　　　라는 관사가 나온 것으로 보아 what이 들어가야
　　　　　하고 나머지는 how가 되는 것이 적절하다.

**1** 정답 You like soccer, don't you?
해설 일반동사 like가 쓰인 긍정문에 대한 부가의문문에는 don't you로 쓰는 것이 적절하다.

**2** 정답 Does she have
해석 그녀는 MP3 플레이어를 가지고 있다.
해설 3인칭이고 일반동사가 나왔으므로 'Does + 주어 + 동사원형'의 형태가 되는 것이 적절하다.

**3** 정답 Are you
해석 A: 당신은 학생입니까?
B: 네, 그렇습니다.
해설 'Yes(No), 주어 + be동사'로 대답했으므로 'be동사 + 주어~'로 질문하는 것이 적절하다.

**4** 정답 a tall building it is
해석 정말 큰 빌딩이구나!
해설 'What + a + 형용사 + 명사 + 주어 + 동사'의 어순이 된다.

**5** 정답 shall we
해설 Let's로 시작하는 명령문의 부가의문문은 shall we로 쓴다.

1. ① 2. ②

**1** 정답 ①
해석 모자는 처음에는 머리를 보호하기 위해 만들어졌다. 많은 모자들은 여전히 그렇다. 추운 곳에서는 동물의 모피로 만들어진 모자들이 사람의 머리를 따뜻하게 하는 데 이용된다. 더운 곳에서는 짚으로 만들어진 모자가 태양으로부터 머리를 보호해 준다. 그러므로 날씨는 사람들이 어떤 모자를 쓰는가에 도움을 준다. 전투에 참가한 병사들은 대개 금속 모자를 쓴다. 높은 빌딩이나 땅 속에서 일하는 사람들 역시 딱딱한 모자를 사용한다. 미식축구나 야구선수들, 그리고 자동차 경주 운전사들도 보호를 위해서 딱딱한 모자를 쓴다.
해설 ① 주어가 hats로 be동사는 복수형인 were가 들어가는 것이 적절하다.
어휘 fur 모피
metal 금속, 금속의
straw 짚
protection 보호

**2** 정답 ②
해석 피자는 이제 국경을 초월한 음식이지만 우리는 피자에 대해서 오해하지 말아야 한다. 비록 그것은 패스트푸드로 특징 지을 수 있지만, 피자는 불량식품이 아니다. 특히 그것이 신선한 채소와 고기로 만들어졌을 때, 피자는 우리의 기본적 영양 구성 요소를 만족시켜 준다. 빵과 토마토는 탄수화물과 비타민을 제공해 준다. 치즈, 고기, 그리고 생선을 통해서 필수단백질을 공급받을 수 있다.
해설 조동사가 있는 문장의 부정은 조동사 다음에 not을 붙인다.
어휘 stateless 국경 없는
junk 쓰레기, 잡동사니
nutritional 영양의

## Chapter 02

# 동사의 시제

## Fragment 01 일반동사의 3인칭 단수형
p.026~027

| | | |
|---|---|---|
| 1. answers | 2. bears | 3. begins |
| 4. bites | 5. believes | 6. breaks |
| 7. brings | 8. builds | 9. burns |
| 10. buys | 11. carries | 12. catches |
| 13. chooses | 14. cheers | 15. climbs |
| 16. closes | 17. collects | 18. copies |
| 19. costs | 20. crosses | 21. cries |
| 22. discusses | 23. draws | 24. dreams |
| 25. drinks | 26. eats | 27. enjoys |
| 28. ends | 29. falls | 30. feels |
| 31. finds | 32. finishes | 33. flies |
| 34. gets | 35. gives | 36. goes |
| 37. grows | 38. harms | 39. helps |
| 40. hears | 41. holds | 42. hurries |
| 43. impresses | 44. judges | 45. keeps |
| 46. kicks | 47. laughs | 48. lays |
| 49. leaves | 50. listens | 51. likes |
| 52. loses | 53. makes | 54. marries |
| 55. means | 56. meets | 57. misses |
| 58. mixes | 59. opens | 60. passes |
| 61. pays | 62. plays | 63. pushes |
| 64. puts | 65. reaches | 66. reads |
| 67. repeats | 68. rides | 69. says |
| 70. sees | 71. sells | 72. sends |
| 73. serves | 74. sets | 75. shows |
| 76. sings | 77. sits | 78. solves |
| 79. sounds | 80. speaks | 81. spends |
| 82. suggests | 83. stands | 84. stays |
| 85. studies | 86. teaches | 87. tells |
| 88. thinks | 89. throws | 90. touches |
| 91. tries | 92. turns | 93. understands |
| 94. uses | 95. visits | 96. wakes |
| 97. washes | 98. watches | 99. wears |
| 100. writes | | |

## Fragment 02 현재시제
p.028~029

| | | |
|---|---|---|
| 1. play | 2. loves | 3. goes |
| 4. studies | 5. goes | 6. live |
| 7. goes | 8. get | 9. is |
| 10. breaks | 11. make | 12. is |
| 13. opens | 14. prepares | 15. brushes |
| 16. gathers | 17. are | 18. has |
| 19. is | 20. kick | |

1. 나는 매주 월요일에 축구를 한다.
2. 그녀는 음악을 사랑한다.
3. Jenny는 걸어서 학교에 간다.
4. 내 여동생은 일본어를 열심히 공부한다.
5. 달은 지구 주위를 돈다.
6. 그들은 뉴욕에 산다.
7. Jim은 매주 일요일 교회에 간다.
8. 나는 아침에 일찍 일어난다.
9. 무소식이 희소식이다.
10. 그는 규칙을 어긴다.
11. 나는 크리스마스 카드를 만든다.
12. 그녀는 의사이다.
13. 우리 아버지가 문을 연다.
14. 그녀는 아침 식사를 준비한다.
15. 그는 항상 7시에 이를 닦는다.
16. 구르는 돌에는 이끼가 끼지 않는다.
17. 우리는 지금 배가 고프다.
18. 그녀는 아름다운 눈을 가졌다.
19. Madrid는 Spain의 수도이다.
20. 그들은 매주 일요일마다 공을 찬다.

## Fragment 03 일반동사의 과거형 규칙, 불규칙 변화
p.030~036

1. added – added
2. arose – arisen
3. awoke(awaked) – awoken
4. baked – baked
5. was(were) – been
6. bore – born(borne)
7. beat – beat(beaten)
8. became – become
9. began – begun
10. bent – bent
11. bet(betted) – bet(betted)
12. bound – bound

13. bit – bitten
14. blew – blown
15. broke – broken
16. bred – bred
17. brought – brought
18. broadcast – broadcast
19. built – built
20. burnt(burned) – burnt(burned)
21. burst – burst
22. bought – bought
23. caught – caught
24. chose – chosen
25. came – come
26. cost – cost
27. cut – cut
28. danced- danced
29. dealt – dealt
30. dug – dug
31. dived(dove) – dived
32. did – done
33. drew – drawn
34. dreamt(dreamed) – dreamt(dreamed)
35. drank – drunk
36. drove – driven
37. dropped – dropped
38. dwelt(dwelled) – dwelt(dwelled)
39. ate – eaten
40. ended-ended
41. meant – meant
42. met – met
43. missed- missed
44. mistook – mistaken
45. misunderstood – misunderstood
46. overcame – overcome
47. paid – paid
48. poured – poured
49. practiced – practiced
50. proved – proven(proved)
51. put – put
52. quit(quitted) – quit(quitted)
53. reached – reached
54. read – read
55. repeated – repeated
56. rid – rid
57. rode – ridden
58. rang – rung

59. rose – risen
60. rolled – rolled
61. ran – run
62. said – said
63. saw – seen
64. sought – sought
65. seemed – seemed
66. sold – sold
67. sent – sent
68. set – set
69. shot – shot
70. showed – shown(showed)
71. shrank(shrunk) – shrunk
72. shut – shut
73. sang – sung
74. sat – sat
75. slept – slept
76. entered- entered
77. fell – fallen
78. felt – felt
79. found – found
80. flew – flown
81. forbade – forbidden
82. forgot – forgotten
83. forgave – forgiven
84. froze – frozen
85. got – got(gotten)
86. gave – given
87. went – gone
88. grew – grown
89. guessed-guessed
90. hated-hated
91. had – had
92. heard – heard
93. helped – helped
94. hid – hidden
95. hit – hit
96. held – held
97. hurt – hurt
98. input – input
99. kept – kept
100. kicked – kicked
101. knit(knitted) – knit(knitted)
102. knew – known
103. laid – laid
104. led – led

105. leaned(leant) – leaned(leant)
106. leapt(leaped) – leapt(leaped)
107. learned(learnt) – learned(learnt)
108. left – left
109. lent – lent
110. let – let
111. lay – lain
112. locked – locked
113. lost – lost
114. made – made
115. slid – slid
116. smelled(smelt) – smelled(smelt)
117. sounded – sounded
118. spoke – spoken
119. sped(speeded) – sped(speeded)
120. spelled(spelt) – spelled(spelt)
121. spent – spent
122. spilt – spilt
123. spoiled(spoilt) – spoiled(spoilt)
124. spread – spread
125. sprang(sprung) – sprung
126. stood – stood
127. stayed – stayed
128. stole – stolen
129. struck – struck(stricken)
130. swallowed – swallowed
131. swam – swum
132. took – taken
133. taught – taught
134. tore – torn
135. told – told
136. thought – thought
137. threw – thrown
138. touched – touched
139. trained – trained
140. typed – typed
141. understood – understood
142. undertook – undertaken
143. woke(waked) – woken(waked)
144. wore – worn
145. wet(wetted) – wet(wetted)
146. won – won
147. wound – wound
148. wondered – wondered
149. worried – worried
150. wrote – written

**Fragment 04** 과거시제                               p.037

**A** 1. flied  2. broke  3. went  4. was  5. were
   6. was  7. were, are  8. is  9. weren't
   10. gets
**B** 1. read  2. was  3. was  4. was  5. were
   6. weren't  7. Were  8. bought  9. came
   10. learned[learnt]

**A** 1. 그녀는 지난달 일본에 비행기로 갔다.
   2. 한국 전쟁은 1950년에 발발했다.
   3. 우리는 지난 토요일에 박물관에 갔다.
   4. 어제는 맑았는데 오늘은 비가 온다.
   5. 우리는 지난달에 파리에 있었다.
   6. Susan은 3시간 전에 도서관에 있었다.
   7. 작년에 너는 13살이었다. 그래서 올해는 14살이다.
   8. Mr. Josh는 선생님이다. 그는 우리에게 수학을 가르친다.
   9. 너는 어젯밤에 집에 없었다.
   10. 그녀는 항상 아침에 일찍 일어난다.

**B** 1. 나는 이 소설을 읽는다 → 나는 2000년에 이 소설을 읽었다.
   2. 나는 지금 피곤하다 → 나는 어제 피곤했었다.
   3. 지금 Jenny는 어디에 있니? → 작년에 Jenny는 어디에 있었니?
   4. 엄마는 지금 정원에 계시다 → 엄마는 그때 정원에 계셨다.
   5. 올해 그 신발은 비싸다 → 작년에 그 신발은 비쌌다.
   6. 그들은 지금 집에 없다 → 그들은 지난 일요일에 집에 없었다.
   7. Julie와 James는 지금 극장에 있니? → Julie와 James는 지난 주말에 극장에 있었니?
   8. 그녀는 아이스크림을 좀 산다. → 그녀는 어제 아이스크림을 좀 샀다.
   9. James는 우리와 함께 서점에 간다. → James는 지난 주말에 우리와 함께 서점에 갔었다.
   10. 그는 알파벳을 배운다. → 그가 어렸을 때, 알파벳을 배웠다.

미래시제        p.038~039

**A** 1. visit      2. not going     3. will do
     4. cut       5. is going to    6. will be
     7. became    8. am          9. this evening
     10. is

**B** 1. is going to take     2. am going to play
     3. am going to make    4. will
     5. am going to visit     6. will
     7. am not going to     8. is going to
     9. will              10. Are, going to take

**A** 1. 나는 내일 아버지를 방문할 것이다.
    2. Josh는 야구를 하지 않을 것이다.
    3. 너는 다음에는 아주 잘할 것이다.
    4. 그들은 이번 주 일요일에 그 나무를 자를 것이다.
    5. Yuna는 이번 주말에 스케이트를 타러 갈 것이다.
    6. 모레는 맑을 것이다.
    7. Jenny와 나는 3년 전에 친구가 되었다.
    8. 나는 이번 겨울 방학에 영어를 배울 것이다.
    9. James는 오늘 밤에 친구에게 전화할 것이다.
    10. 그는 지금 야구 선수이다.

**B** 1. James는 사진을 찍을 예정이다.
    2. 나는 이번 토요일에 친구와 축구를 할 예정이다.
    3. 나는 내일 크리스마스 카드를 만들 예정이다.
    4. 오늘 밤 무엇을 할 거니?
    5. 나는 다음 주 일요일에 숙모를 방문할 예정이다.
    6. Tom은 기타를 어떻게 치는지 배울 예정이다.
    7. 나는 내일 거기에 가지 않을 예정이다.
    8. 구름을 봐라, 비가 올 것 같다.
    9. 엄마는 신선한 채소를 좀 살 예정이다.
    10. 이번 주말에 수업을 받을 예정이니?

**Fragment 06** 동사의 -ing형        p.040~041

1. baking
2. beginning
3. bending
4. biting
5. breaking
6. broadcasting
7. building
8. burning
9. buying
10. catching
11. changing
12. choosing
13. climbing
14. closing
15. collecting
16. coming
17. cutting
18. dancing
19. dealing
20. diving
21. drawing
22. drinking
23. driving
24. dropping
25. eating
26. ending
27. falling
28. finding
29. flying
30. getting
31. thinking
32. throwing
33. tying
34. touching
35. giving
36. going
37. growing
38. having
39. hearing
40. helping
41. hiding
42. hitting
43. holding
44. jumping
45. keeping
46. kicking
47. laying
48. leaning
49. learning
50. leaving
51. lying
52. losing
53. making
54. meaning
55. missing
56. mistaking
57. misunderstanding
58. opening
59. parking
60. paying
61. pouring
62. practicing
63. training
64. understanding
65. waking
66. wearing
67. proving
68. pushing
69. quitting
70. reaching
71. reading
72. repeating
73. ridding
74. riding
75. ringing
76. rising
77. rolling
78. running
79. seeing
80. sending
81. setting
82. shopping
83. showing
84. singing
85. sitting
86. sleeping
87. smelling
88. sounding
89. speaking
90. standing
91. staying
92. stealing
93. striking
94. swimming
95. teaching
96. telling
97. wetting
98. winning
99. wondering
100. writing

**A** 1. Jenny is reading a newspaper.
    2. They are cleaning the windows.
    3. We are watching movies.
    4. My mother was washing the dishes.
    5. James is playing on the computer.
    6. They were making a special project.
    7. You are listening to the music.
    8. The sun is shining brightly.
    9. We were looking at paintings yesterday.
    10. Ben was standing in front of the store.

**B** 1. is taking    2. is staying    3. is baking
    4. was eating    5. was kicking

**A** 1. Jenny는 신문을 읽고 있다.
    2. 그들은 창문을 닦고 있다.
    3. 우리는 영화를 보고 있다.
    4. 엄마는 그릇을 닦고 있었다.
    5. James는 컴퓨터를 하고 있다.
    6. 그들은 특별한 계획을 세우고 있었다.
    7. 너는 음악을 듣고 있다.
    8. 태양은 밝게 빛나고 있다.
    9. 우리는 어제 그림을 보고 있었다.
    10. Ben은 상점 앞에 서 있었다.

**B** 1. 할머니는 댄스 강좌를 수강하고 계시다.
    2. 그 회장은 Royal Prince 호텔에 머물고 있다.
    3. 엄마는 지금 딸기 케이크를 굽고 있다.
    4. 나는 네가 나에게 전화했을 때 햄버거를 먹고 있었다.
    5. 그 무례한 소년이 내 의자 뒤를 차고 있었다.

1. ④   2. ③   3. ⑤   4. ⑤   5. ④   6. ②   7. ④
8. ②   9. ③   10. ③   11. ③   12. ④   13. ④   14. ③
15. ①   16. ①   17. ②   18. ③   19. ②   20. ③

[서술형 주관식 문제]
1. went   2. reads   3. are you going to do
4. studies, swam, is listening
5. Where are we heading now

**1** 정답   ④
    해설   see의 과거형은 saw이다.

**2** 정답   ③
    해설   upset의 과거형은 upset이다.

**3** 정답   ⑤
    해설   sit의 과거형은 sat이다.

**4** 정답   ⑤
    해설   teach의 과거형은 taught이다.

**5** 정답   ④
    해설   buy의 과거형은 bought이다.

**6** 정답   ②
    해설   run은 '단모음 + 단자음'으로 이루어져 있으므로 running이 되어야 적절하다.

**7** 정답   ④
    해설   '자음 + y'로 끝나는 동사는 y를 i로 고치고 –es를 붙여야 한다.

**8** 정답   ②
    해석   ① 두 사람이 나를 지나간다.
        ② 그 선수가 공을 잡는다.
        ③ 많은 사람이 서로 민다.
        ④ 그 여자들이 우리에게 과학과 수학을 가르친다.
        ⑤ Chris와 그의 형이 그들의 아버지의 차를 세차한다.
    해설   3인칭 단수 주어가 왔을 때 일반동사에 –(e)s를 붙인다.

**9** 정답 ③
해석 시끄럽게 하지 마라, 아기가 자고 있다.
해설 자고 있는 중이므로 현재진행형으로 쓰는 것이 적절하다.

**10** 정답 ③
해설 과거시제의 의문문이고 일반동사가 왔으므로 Did가 들어가는 것이 적절하다.

**11** 정답 ③
해석 Jenny는 7시에 학교에 간다(아침을 먹는다, 휴식을 취했다, 음악을 듣는다, 이를 닦는다).
해설 일정한 시각에 습관적으로 반복되는 일은 현재시제를 쓰는 것이 적절하다.

**12** 정답 ④
해석 이번 주 일요일에 무엇을 할 예정이니? 나는 내일 낚시를 갈 예정이야.
해설 '~할 예정'이라는 의미이므로 'be going to'가 쓰이는 것이 적절하다.

**13** 정답 ④
해석 나는 어제(2008년에, 지난 주말에, 이번 일요일에, 그저께) 오래된 친구들을 만났다.
해설 동사 시제가 과거이므로 과거를 나타내는 부사(구)가 들어가야 한다.

**14** 정답 ③
해석 ① 나는 그것을 하지 않았다.
② 그녀는 아들이 하나 있니?
③ Chris와 Mike는 그녀를 좋아하니?
④ Chris와 James는 점심을 같이 먹는다.
⑤ Smith 부인은 새로운 차를 가지고 있다.
해설 ① doesn't → don't
② has → have
④ eats → eat
⑤ have → has

**15** 정답 ①
해설 '~하는 중이다'의 의미이므로 현재진행형으로 쓰는 것이 적절하다.

**16** 정답 ①
해석 ① 나는 어제 Tom을 만났다.
② 그녀는 작년에 보트를 탔다.
③ 그는 어젯밤에 영어를 공부했다.
④ 우리는 다음 일요일에 그와 점심을 먹을 것이다.
⑤ Mike는 지난 주말에 영화를 보러 갔다.
해설 ② takes → took
③ will study → studied
④ have → will have
⑤ goes → went

**17** 정답 ②
해석 ① 아까 그가 화났었니?
② 언제 콘서트가 시작하나요?
③ Jenny는 어젯밤에 클럽에 있었다.
④ James는 어제 행복하지 않았다.
⑤ Ben 씨는 두 시간 전에 그 상점에 있었니?
해설 ①은 then, ③은 last night, ④는 yesterday, ⑤는 two hours ago 등 과거를 나타내는 부사와 쓰여서 과거시제가 되어야 하지만 ②는 현재형으로 쓰는 것이 적절하다.

**18** 정답 ③
해석 A: 지난 월요일에 뭐 했니?
해설 과거를 나타내는 부사가 나왔으므로 과거시제가 대답으로 와야 한다.

**19** 정답 ②
해석 Jenny는 물 한 잔을 마시고 있다.
해설 주어가 3인칭 단수인 현재진행형이므로 'is + -ing'의 형태가 되는 것이 가장 적절하다.

**20** 정답 ③
해석 A: 어제 무엇을 했니?
B: 숙제를 했어.
해설 과거의 일에 대한 것이므로 과거 동사가 와야 한다.

## 1
**정답** went
**해석** A: 어제 어디에 갔었니?
B: 공원에 갔었어.
**해설** yesterday라는 과거를 나타내는 부사구가 있으므로 과거형이 들어가야 함을 알 수 있다.

## 2
**정답** reads
**해석** A: 저녁을 먹은 후에 아버지는 보통 무엇을 하시니?
B: 아버지는 보통 저녁을 드시고 책을 읽으셔.
**해설** 습관적으로 반복되는 일에는 현재시제가 쓰인다.

## 3
**정답** are you going to do
**해석** 내일 저녁 8시에 뭐할 거니?
**해설** will과 같은 의미로 쓰이는 'be going to+동사원형'이 들어가는 것이 적절하다.

## 4
**정답** studies, swam, is listening
**해석** James는 학생이다. 그는 영어를 공부한다.
그 동물은 어제 물을 가로질러 수영했다.
그녀는 지금 음악을 듣고 있다.
**해설** James는 학생이므로 항상 영어 공부를 한다는 의미의 현재시제를 쓰는 것이 알맞다.
yesterday라는 과거를 나타내는 부사구가 있으므로 과거시제를 쓴다.
now라는 부사구가 있으므로 현재진행형으로 쓰는 것이 적절하다.

## 5
**정답** Where are we heading now?
**해석** 의문사가 포함된 현재진행 시제의 의문문의 어순은 '의문사 + be동사 + 주어 + 동사원형 + -ing'이다.

1. ④ 2. ⑤

## 1
**정답** ④
**해석** 나는 항상 방향 감각이 없음을 표현한다. 어떤 장소를 과거에 여러 차례 방문했을지라도 여전히 그곳을 찾아가면서 길을 잃는다. 어렸을 때 나는 아주 수줍음이 많았다. 그래서 완전히 낯선 사람에게는 길을 물어보지 않았다. 나는 빙빙 돌면서 헤매다가 어떤 기적적인 행운이 나를 목적지로 데려다 주기를 바라곤 했다. 그러나 그런 기적은 자주 일어나지 않았다.
**해설** ④ 주절의 시제가 과거형(used to wander)이므로 시제 일치에 의해 종속절의 will을 would로 바꾸어야 한다.
**어휘** direction 방향
miraculous 기적적인
destination 목적지

## 2
**정답** ⑤
**해석** 우리는 건강을 위해서 비싼 헬스클럽 회원권에 많은 돈을 들일 필요가 없다. 계단 걷기는 좋은 운동이다. 누구든 계단을 걸음으로써 간단하게 건강을 유지할 수 있다. 계단 걷기는 체중을 줄이는 데 도움이 된다. 즉 승강기를 타는 대신에 하루에 두 층을 오르내리면 1년에 6파운드를 줄일 수 있다. 계단 걷기는 심장에 좋고 심장마비를 예방할 수 있다. 또한 계단을 자주 오르내리면 다리 근육도 강화된다. 내 친구 James는 그의 다리 건강을 위해 항상 계단을 오른다.
**해설** 주어(James)가 3인칭 단수이므로 단수동사를 써야 한다(climb → climbs).
**어휘** get into shape (건강한) 모습을 갖추다
take off (살을) 빼다
heart attack 심장마비
muscle 근육

## Chapter 03

# 조동사

## Fragment 01 조동사의 기본적인 사항 p.048~049

**A** 1. must go  2. can speak  3. work
4. may not be  5. can  6. play  7. tell
8. can go  9. can't find  10. be

**B** 1. He could not drive a car.
2. You must not go there.
3. The news may not be true.
4. You may not borrow my book.
5. I can't solve this problem.
6. She can't speak Chinese.
7. You can't play games with this phone.

**C** 1. Will I call him?
2. Can he help his mother?
3. Will I be seventeen years old next year?
4. Must James go there now?
5. Will I go fishing tomorrow?
6. Will Jenny buy the dress?
7. Can you watch the game?

**A** 1. 너는 일찍 거기에 가야 한다.
2. 우리는 영어를 말할 수 있다.
3. 그녀는 늦게까지 일을 해야만 한다.
4. 그는 의사가 아닐 것이다.
5. 그녀는 피자를 만들 수 있다.
6. Jenny는 피아노를 잘 연주할 수 없다.
7. 너는 이것에 대해서 그녀에게 말해야 한다.
8. 그들은 내일 소풍 갈 수 있다.
9. Dana는 그 집을 찾을 수 없다.
10. 우리는 시험에 준비되어야 한다.

**B** 1. 그는 차를 운전할 수 있다.
2. 너는 거기에 가야 한다.
3. 그 소식은 사실일 것이다.
4. 너는 내 책을 빌려도 된다.
5. 나는 이 문제를 풀 수 있다.
6. 그녀는 중국어를 할 수 있다.
7. 이 전화기로 게임을 할 수 있다.

**C** 1. 나는 그에게 전화할 것이다.
2. 그는 그의 어머니를 도울 수 있다.
3. 나는 내년에 17살이 될 것이다.
4. James는 지금 거기에 가야만 한다.

5. 나는 내일 낚시하러 갈 것이다.
6. Jenny는 드레스를 살 것이다.
7. 너는 그 경기를 볼 수 있다.

## Fragment 02 may(might) p.050

1. ⓐ  2. ⓑ  3. ⓐ  4. ⓐ  5. ⓑ  6. ⓑ  7. ⓑ
8. ⓐ  9. ⓑ  10. ⓐ

1. 너는 거기에서 담배를 피울 수 없다.
2. 그녀는 20살일 것이다.
3. 이 펜을 빌려 줄 수 있습니까?
4. 너는 휴식을 취할 수 있다.
5. 그녀는 정직할 것이다.
6. 그들은 농구 선수일 것이다.
7. 그 개는 배가 고플 것이다.
8. 당신은 나의 노트북을 이용할 수 있다.
9. 그는 1분 내에 올 것이다.
10. James와 통화를 할 수 있을까요?

## Fragment 03 can(could) p.051

1. are able to  2. am able to
3. were able to  4. weren't able to
5. is able to  6. Are you able to
7. wasn't able to  8. isn't able to
9. isn't able to  10. was able to

1. 너는 커피를 한 잔 마실 수 있다.
2. 나는 그의 연설을 이해할 수 있다.
3. 그들은 이메일을 보낼 수 있었다.
4. 우리는 비싼 집을 살 수 없었다.
5. 그녀는 쉽게 비상구를 찾을 수 있다.
6. 당신은 1분 안에 그 문제를 풀 수 있습니까?
7. 아버지는 피아노를 연주할 수 없었다.
8. James는 우리 전화번호를 기억할 수 없다.
9. Jenny는 스마트 폰을 사용할 수 없다.
10. 그는 중국 음식을 만들 수 있었다.

**Fragment 04** will(would)                              p.052

1. Please will you be   2. I will finish
3. He would play soccer   4. Will you stay
5. Would you pick   6. you mind passing me
7. I will go out this evening   8. She won't buy 9.
would come to see grandmother
10. Would you like

**Fragment 05** must                              p.053

**A** 1. have to   2. has to   3. have to
4. had to   5. have to   6. has to
7. has to   8. have to   9. has to
10. have to

**B** 1. don't have to        2. must not
3. doesn't have to      4. must not
5. don't have to

**A** 1. 우리는 서울로 이사해야만 한다.
2. 그녀는 시험에 합격해야만 한다.
3. 너는 최선을 다해야만 한다.
4. 나는 어제 나무를 잘랐어야만 했다.
5. 그들은 그 경기를 봐야 한다.
6. Jenny는 운동을 좀 해야만 한다.
7. 여동생은 바이올린을 연습해야만 한다.
8. 나는 신문을 읽어야만 한다.
9. James는 빨리 계단을 올라야만 한다.
10. 나는 약속을 지켜야만 한다.

**Fragment 06** shall, should, had better      p.054

1. had better go      2. should meet
3. had better go      4. should be
5. shouldn't waste   6. had better not stay
7. Shall I bring

**절대 내신 문제**                              p.055~057

1. ①  2. ②  3. ③  4. ③  5. ③  6. ②  7. ⑤
8. ④  9. ③  10. ③  11. ④  12. ②  13. ④  14. ③
15. ④  16. ①  17. ②  18. ④  19. ②  20. ④

[서술형 주관식 문제]
1. couldn't   2. No, they, won't   3. shouldn't
4. have to   5. tell will → will tell

**1**  정답  ①
해석  우리는 버스를 탈 수 있다.
해설  조동사 뒤에는 동사원형이 들어가는 것이 적
절하다.

**2**  정답  ②
해석  A : 수영하러 갈래?
B : 좋아, 가자.
해설  대답에 Let's go~('~하자')라는 의미가
되므로 질문에 Shall이 들어가는 것이 적
절하다.

**3**  정답  ③
해석  Jenny는 종종 시간이 날 때 노래를 부르곤
했다.
해설  과거의 불규칙적인 습관에 대한 내용이므로
would가 들어가는 것이 적절하다.

**4**  정답  ③
해석  그 표를 살 수 있을까요?
너는 제 시간에 버스를 탈 수 있다.
너는 목표를 쉽게 발견할 수 있다.
해설  '가능'의 의미인 조동사 can이 들어가는 것이
적절하다.

**5**  정답  ③
해석  우리는 음식을 좀 사야만 한다. 저녁으로 먹을
게 아무것도 없다.
해설  '~해야 한다'는 의미의 must가 가장 적절한
표현이다.

**6**  정답  ②
해석  A: 나는 배가 매우 고프다.
B: 너는 무언가를 먹는 것이 좋겠다.

해설 '~하는 게 더 낫다'는 의미이므로 충고가 가장 적절하다.

**7** 정답 ⑤
해석 ① 그는 그 일을 끝마치는 것이 더 낫다.
② 우리는 그 규칙을 지켜야만 한다.
③ 그는 차를 샀다.
④ 나는 이번 주에 하이킹을 갈 예정이다.
⑤ 그녀는 학생일 것이다.
해설 조동사 뒤에는 동사원형이 와야 한다.

**8** 정답 ④
해석 크게 말하지 마라. Jenny가 자고 있다. 너는 조용히 해야만 한다.
해설 '~해야만 한다'는 의미가 되어야 하므로 should가 들어가는 것이 적절하다.

**9** 정답 ③
해석 너는 제 시간에 와야만 한다.
너는 그런 비열한 행위를 하지 말아야 한다.
해설 의미상으로 '~해야만 한다', '~하지 말아야 한다'가 되어야 하므로 빈칸에는 should가 들어가는 것이 적절하다.

**10** 정답 ③
해석 우리는 이것을 먹을 수 없다: 그 마개를 열 수가 없다.
해설 가능의 여부를 나타내는 조동사인 can (could)가 들어가는 것이 적절하다.

**11** 정답 ④
해석 A: 우리가 여기에 주차해도 될까?
B: 아니. 여긴 주차금지 구역이야. 우리는 여기에 주차하면 안 돼.
해설 금지를 나타내는 must not이 들어가야 한다.

**12** 정답 ②
해석 A: 너 피곤해 보인다.
B: 응. 어젯밤에 잠을 잘 못잤거든.
해설 '~할 수 없다'는 뜻을 나타내는 can't의 과거형은 couldn't이다.

**13** 정답 ④
해설 '~해야만 한다'는 의미로 쓰이는 조동사는 must이다.

**14** 정답 ③
해석 나는 바이올린을 아주 잘 연주한다.
해설 be able to는 가능을 나타내므로 조동사 can으로 바꾸어 쓸 수 있다.

**15** 정답 ④
해석 ① 그들은 약속을 어기지 말아야 한다.
② 너는 내일 그의 편지를 받을 것이다.
③ 방과 후 테니스를 칠 거니?
④ 그녀는 그의 이름을 알지 못할 것이다.
⑤ 무슨 그림을 그릴 예정이니?
해설 won't(will not)는 자체로 부정이기 때문에 뒤에 부정어를 붙일 수 없다.

**16** 정답 ①
해석 그 소식은 사실일 것이다.
해설 조동사 뒤에 not를 써서 부정의 의미를 만든다.

**17** 정답 ②
해석 ① 그는 정직해야 한다.
② 나는 일찍 일어날 필요가 없다.
나는 일찍 일어나서는 안 된다.
③ 너는 나의 차를 쓸 수 있다.
④ 그녀는 곧 학교에 올 것이다.
⑤ 너는 그것을 할 수 있다.
해설 don't have to는 '~할 필요가 없다'는 뜻이고 must not는 '~해서는 안 된다'는 뜻이다.

**18** 정답 ④
해석 부탁 좀 들어줄래?
나는 내일 너에게 편지를 쓸 것이다.
해설 '부탁이나 미래'를 의미하는 조동사는 will이 적절하다.

**19** 정답 ②
해석 Jenny는 두통이 있다.
해설 '~해야 한다'의 의미이므로 must가 들어가는 것이 적절하다.

**20** 정답 ④
　　해석 A: 한국어를 할 수 있습니까?
　　　　 B: 아니오, 하지만 영어를 잘합니다.
　　해설 can으로 물어 봤으므로 can을 써서 대답해야
　　　　 하며 뒤에 but이 나왔으므로 부정문으로 답해
　　　　 야 한다.

### 서술형 주관식 문제

**1** 정답 couldn't
　　해석 나는 어젯밤에 피곤했다. 그러나 잠을 잘 잘
　　　　 수 없었다.
　　해설 과거시제로 쓰였으므로 couldn't로 쓰는 것이
　　　　 적절하다.

**2** 정답 No, they won't
　　해석 A: 그들은 뉴욕에 갈 거니?
　　　　 B: 아니, 그들은 로스앤젤레스에 갈 거야.
　　해설 뒤에 다른 곳이 언급되어 있으므로 부정의 대
　　　　 답이 나와야 적절하다.

**3** 정답 shouldn't
　　해석 자주 컴퓨터 게임을 하지 마라.
　　해설 '~하지 마라'라는 의미로 쓰였으므로
　　　　 shouldn't가 들어가는 것이 적절하다.

**4** 정답 have to
　　해석 너는 스스로 숙제를 해야만 한다.
　　해설 must(~해야만 한다)의 의미와 같은 말이 들
　　　　 어가야 한다. 따라서 have to가 들어가는 것
　　　　 이 적절하다.

**5** 정답 tell will → will tell
　　해석 A: 이 편지는 프랑스어로 되어 있어서 읽을 수
　　　　　　가 없어. 나를 도와주겠니?
　　　　 B: 물론이죠. 제가 당신에게 그 의미를 말해
　　　　　　드릴게요.
　　해설 '조동사 + 동사원형'의 순서가 되어야 한다.

> 1. ④ 2. ③

**1** 정답 ④
　　해석 우리는 집이 가장 안전한 곳이라고 믿는다. 하
　　　　 지만 집에서도 많은 사고가 일어난다. 사람이
　　　　 칼에 베이는 것은 일순간이다. 불에 델 수도
　　　　 있고, 무엇에 걸려서 넘어지고 뒹굴 수도 있
　　　　 다. 베이고 데이고 멍드는 것은 어린이들에게
　　　　 가장 자주 일어나는 세 가지 사고이다. 이 사
　　　　 고 중 하나가 당신의 집에서 일어날 수 있다.
　　해설 He may 이하에서 동사 burn, stumble,
　　　　 fall은 모두 조동사 may에 연결된다. 따라
　　　　 서 모두 동사원형이 와야 한다. → fall over
　　　　 something
　　어휘 stumble 넘어지다
　　　　 bruise 타박상

**2** 정답 ③
　　해석 코끼리는 trunk라는 긴 코를 가지고 있다. 그
　　　　 들은 나무를 흔들어서 과일과 잎을 떼어 내기
　　　　 위해 코를 사용한다. 긴 코로 코끼리는 먹이를
　　　　 입에 가져간다. 코끼리는 코로 목욕도 한다.
　　　　 코 안으로 물을 빨아들인다. 물이 나와서 코끼
　　　　 리 몸에 쫙 끼얹는다. 그러나 코끼리는 늘 깨
　　　　 끗한 물을 찾을 수는 없다. 그러면 그들은 진
　　　　 흙 목욕을 한다. 코는 진흙을 끼얹는 데 사용
　　　　 된다. 코끼리가 베인 상처가 있으면 시원한 진
　　　　 흙이 벤 자리를 좋아지게 한다.
　　해설 조동사 뒤에는 반드시 동사원형이 와야 한다.
　　　　 따라서 give가 들어가는 것이 적절하다.
　　어휘 trunk 코끼리 코
　　　　 mud 진흙
　　　　 cut 베인 상처

## Chapter 04

# 부정사

### Fragment 01 to부정사와 명사적 용법     p.060~061

**A** 1. It is, to make     2. It is, to understand
    3. It was, to win     4. It is, to make
    5. It is, to cross     6. It is, to take
    7. It is, to watch     8. It is, to smoke
    9. It is, to persuade     10. It is, to play

**B** 1. where to go     2. where to get
    3. what to do     4. how to open
    5. how to use     6. when to stop
    7. how to fish

**C** 1. ⓐ   2. ⓑ   3. ⓒ   4. ⓐ   5. ⓐ   6. ⓒ   7. ⓐ
    8. ⓑ   9. ⓒ   10. ⓑ

**A** 1. 친구를 만드는 것은 쉽지 않다.
    2. 서로 이해하는 것은 어렵다.
    3. 그 경기를 이기는 것은 불가능했다.
    4. 소음을 내는 것은 좋지 않다.
    5. 길을 건너가는 것은 위험하다.
    6. 여행을 가는 것이 나의 계획이다.
    7. 영화를 보는 것은 아주 재미있다.
    8. 담배를 피우는 것은 건강에 나쁘다.
    9. 그를 설득하는 것은 소용없다.
    10. 농구를 하는 것은 아주 즐겁다.

**C** 1. 그 경기를 어떻게 하는지 배우는 것은 재미있다.
    2. 우리는 함께 여행을 할 계획이다.
    3. 내 꿈은 과학자가 되는 것이다.
    4. 야구를 하는 것은 매우 흥미진진하다.
    5. 매일 조깅하는 것은 건강에 좋다.
    6. 내 소원은 유럽을 여행하는 것이다.
    7. 수영장에서 수영을 하는 것은 매우 즐겁다.
    8. 그는 선생님들과 함께 대화하는 것을 좋아한다.
    9. Jenny의 취미는 테니스를 치는 것이다.
    10. 나는 의사를 만나기를 원한다.

### Fragment 02 형용사적 용법     p.062

1. promise to keep     2. works to do
3. friends to play     4. place to meet
5. mountains to climb     6. something to drink
7. story to tell     8. chair to sit
9. letters to send     10. shoes to wear

### Fragment 03 부사적 용법     p.063

1. happy to see her     2. came to meet
3. grew up to become     4. easy to solve
5. be a fool to say     6. wear glasses to see
7. lived to be     8. studied hard to pass
9. raised a hand to ask
10. was surprised to hear

### Fragment 04 원형부정사     p.064~065

**A** 1. bite   2. win   3. cry   4. do   5. play
    6. wash   7. go   8. wash   9. laugh
    10. keep   11. to write   12. to tell   13. show
    14. to see   15. to study   16. clean
    17. to show   18. to take   19. to eat
    20. promised to do

**B** 1. saw a man cross     2. heard someone shout
    3. helped me (to) pass     4. made us keep
    5. had the waitress clean     6. let me get up
    7. felt my heart beat
    8. watched a movie star standing
    9. listened to the birds sing     10. Let me tell

1. 나는 개가 내 가방을 물고 있는 것을 보았다.
2. 그들은 그들의 아들이 경주에서 이긴 것을 보았다.
3. 나는 정원에서 Jenny가 소리치고 있는 것을 들었다.
4. James는 내가 숙제하는 것을 돕도록 했다.
5. 우리는 그가 피아노 치는 것을 들었다.
6. 나는 그가 내 차를 닦도록 시켰다.
7. Brown 부인은 내가 거기에 가도록 시켰다.
8. Fred는 그의 부인에게 설거지하도록 시켰다.
9. 내 남자친구는 나를 웃게 만들었다.
10. 내 부모님은 내가 모든 물건을 방에 보관하도록 시켰다.
11. 편지를 쓰는 것은 쉽지 않다.

12. 너에게 말할 것이 있다.

13. 너에게 답을 알려줄게.

14. Jenny는 당신을 다시 보기를 원한다.

15. James는 외국에서 디자인을 공부하기를 원한다.

16. 선생님은 우리의 머리를 깨끗이 하도록 시켰다.

17. Rook은 너에게 보여 줄 것이 있다.

18. 우리는 사진을 찍기로 결정했다.

19. 우리는 먹기 위해 사는 게 아니고 살기 위해 먹는다.

20. 그들은 매일 아침 운동하기로 약속했다.

---

1. ④   2. ③   3. ①   4. ②   5. ①   6. ④   7. ③
8. ④   9. ②   10. ⑤   11. ①   12. ⑤   13. ④   14. ②
15. ③   16. ④   17. ⑤   18. ②   19. ①   20. ⑤

[서술형 주관식 문제]
1. to dance
2. for me to take pictures
3. job, to find   4. how to   5. what to

**1**  정답  ④
해석  그 여자는 울기 시작했다.
　　　① 우리는 살기 위해 먹는다.
　　　② 만나서 반갑습니다.
　　　③ 나는 여기에 머물러서 좋습니다.
　　　④ Jenny는 농구하는 것을 배웠다.
　　　⑤ 그 사람은 할아버지를 방문하기 위해 거기
　　　　 에 갔다.
해설  동사의 목적어로 쓰인 명사적 용법이다.

**2**  정답  ③
해석  그 경기를 하는 것은 즐겁다.
　　　나는 너와 함께 기타를 치고 싶다.
해설  주어와 목적어로 쓰인 to부정사가 들어가는
　　　것이 가장 적절하다.

**3**  정답  ①
해석  ① 그녀는 수영하는 것을 즐긴다.
　　　② 나는 차를 사고 싶다.
　　　③ 그는 무엇을 해야 할지 모른다.
　　　④ 나는 친구들과 노는 것을 좋아한다.
　　　⑤ 그녀가 언제 출발할지 나에게 말했다.
해설  enjoy 다음에는 목적어로 to부정사를 쓸 수
　　　없다.

**4**  정답  ②
해석  ① 나는 어디로 갈지 모른다.
　　　② 너는 어떻게 운전하는지 알고 있니?
　　　③ 무엇을 입을지 나에게 말해 주세요.
　　　④ 그녀는 이것을 어떻게 하는지 나에게 가르
　　　　 쳤다.
　　　⑤ 그는 언제 돌아오는지 너에게 말했니?
해설  의문사 다음에 to부정사가 올 수 있는데 이때
　　　to 뒤에는 동사원형의 형태가 되어야 한다.

**5** 정답 ①
해석 농구를 하는 것은 흥미진진하다.
해설 문장의 주어 역할을 해야 하므로 to부정사가 들어가는 것이 가장 적절하다.

**6** 정답 ④
해석 ① 나는 선생님이 되기를 원한다.
② 나는 마실 무언가를 원한다.
③ 나는 네가 친절하기를 원한다.
④ 나는 집에 오기를 원한다.
⑤ 나는 이것을 살 돈을 원한다.
해설 to부정사로 쓰였으므로 to go가 되는 것이 적절하다.

**7** 정답 ③
해설 '~해야 할지'의 의미로 쓰였으므로 '의문사 + to부정사'의 형태가 되는 것이 적절하다.

**8** 정답 ④
해석 A: 나는 새로운 I-pad를 사고 싶다.
B: 너는 돈을 모아야만 한다.
해설 would like 다음에는 to부정사가 와야 하고, 조동사 뒤에는 동사원형이 온다.

**9** 정답 ②
해설 주어로 쓰인 부정사가 뒤로 가서 진주어의 형태로 쓰였으므로 주어 자리에는 가주어 형태의 it이 와야 적절하다.

**10** 정답 ⑤
해석 그들은 나에게 그들의 엄마를 도와달라고 요청했다.
해설 동사의 목적격보어로 to부정사가 와야 적절하다.

**11** 정답 ①
해석 나는 옷을 좀 사기 위해서 상점에 갔다.
① 그녀는 그들을 돕기 위해서 거기에 갔다.
② 나는 그 회사를 운영하고 싶다.
③ 무엇을 먹겠습니까?
④ 무엇을 마시겠습니까?
⑤ 이를 닦는 것은 건강에 좋다.
해설 to부정사의 부사적 용법을 찾으면 된다.

**12** 정답 ⑤
해석 나는 오늘 아침에 늦게 일어났다. 나는 설거지 할 시간이 없었다.
해설 time을 수식하는 to부정사의 형용사적 용법이므로 to wash로 쓰는 것이 적절하다.

**13** 정답 ④
해석 그는 컴퓨터를 파는 것을 원했다(결정했다, 희망했다, 좋아했다).
해설 give up은 to부정사를 목적어로 쓸 수 없는 동사이다.

**14** 정답 ②
해석 그가 정직하다는 것이 중요하다.
네가 나를 위해 웃어 주길 원한다.
해설 주어와 목적격보어로 쓰인 to부정사이다. 따라서 둘 다 to부정사의 형태로 쓰여야 적절하다.

**15** 정답 ③
해설 명사를 수식하는 to부정사가 들어가야 하는데 play with에서 with를 생략해서는 안 된다.

**16** 정답 ④
해석 ① 그만 웃어라.
② 소풍 가자.
③ James는 축구를 잘한다.
④ 그는 선생님이 되기로 결정했다.
⑤ TV 보는 게 어때?
해설 decide 다음에는 목적어로 to부정사가 쓰여야 한다.

**17** 정답 ⑤
해석 ① 나는 엄마를 도울 무언가가 필요하다.
② 나는 연주할 피아노가 있다.
③ 나는 해야 할 많은 숙제가 있다.
④ 그는 방문할 많은 형제가 있다.
⑤ 나는 유럽을 방문하고 싶다.
해설 ①~④는 모두 명사를 수식하는 형용사적 용법으로 쓰였고 ⑤는 동사의 목적어로서 명사적 용법으로 쓰였다.

**18** 정답 ②
해석 언제 시작할지 나에게 말해 주세요.
어디를 갈지 결정하자.

| 해설 | '~할 것'이란 의미의 '의문사 + to부정사'가 쓰여야 적절하다. |

**19** 정답 ①
해석 ① 그녀는 나를 보기 위해 왔다.
② Jenny는 아름다운 드레스를 입고 싶다.
③ 그는 무엇을 할지 알지 못한다.
④ 나는 아내를 위해 요리하는 것을 좋아한다.
⑤ James는 어디에 갈지 나에게 말했다.
해설 to부정사의 부사적 용법으로 to 다음에 동사원형이 와야 한다.

**20** 정답 ⑤
해설 '~하러 가다'의 의미인 'go -ing'로 쓰여야 하고, 지각동사의 목적어로는 원형부정사 또는 현재분사가 와야 한다.

### 서술형 주관식 문제

**1** 정답 to dance
해설 '~하는 방법'이라는 의미가 되어야 하므로 'how + to부정사'의 형태가 되는 것이 적절하다.

**2** 정답 for me to take pictures
해석 사진을 찍는 것은 나에게 아주 자연스러운 것이다.
해설 to부정사가 주어로 쓰인 문장이다.

**3** 정답 job, to find
해설 앞부분에는 주어가 되는 명사가 들어가야 하고 뒤에는 보어가 되는 to부정사가 들어가는 것이 적절하다.

**4** 정답 how to
해설 '~하는 방법'이라는 의미이므로 'how + to부정사'가 되는 것이 적절하다.

**5** 정답 what to
해설 '무엇을 ~할지'가 되어야 하므로 'what + to부정사'의 형태가 되는 것이 적절하다.

1. ③  2. ③

**1** 정답 ③
해석 그런 다음 난 점심을 먹으러 호텔에 돌아가기로 결심했다. 얼마간 걸어 다니다가 마침내 길을 묻기로 했다. 문제는 내가 그 언어에 대하여 알고 있는 유일한 단어는 내가 살던 길의 이름뿐이라는 것이고 그것도 발음이 서툴다는 것이다. 내가 물어 봤던 사람은 야채를 사고 있는 나이든 아주머니였다. 그녀는 잘 듣지 못해서 나는 그 단어를 몇 번이나 되풀이해야 했다. 그녀가 마침내 내 말을 알아들었을 때 화가 난 것 같았고 소리치며 내게 지팡이를 흔들어 대기 시작했다.
해설 ③ 앞에 주어인 I가 나왔으므로 동사 형태인 pronounced가 적절하다. to부정사는 동사 자리에 쓰이지 못한다.
어휘 pronounce 발음하다
take offence (at) 성내다

**2** 정답 ③
해석 왜 무서운 선생님이 좋은 결과를 가져올까? 그들은 무서워 보이지만 아이들을 사랑한다. 내가 어렸을 때 나는 무서운 선생님을 한 분 만났다. 나는 곧 이 무서운 선생님에게 매료되어 엄마에게 그녀의 영어 반으로 옮기게 해 달라고 부탁했다. 거기서, 세련된 교육 방식으로, 그녀는 문법을 가르치고 내가 문학을 사랑하도록 만들었다. 나는 그녀가 이야기를 읽고 부채처럼 그것들을 펼쳐내어 그 다양한 색깔과 의미를 보여 주는 방식에 매혹되었다.
해설 밑줄 친 made는 사역동사이다. 사역동사의 목적어가 사람(동작의 주체)이므로 목적격보어는 동사원형을 사용해야 한다.
어휘 under a spell 매혹되어, 홀려
transfer ~을 옮기다, 전학시키다
cultivating 세련된, 정련된
literature 문학
fascinate 매혹시키다

## Chapter 05
# 동명사

### Fragment 01  동명사의 역할
p.072

1. ⓒ  2. ⓓ  3. ⓐ  4. ⓓ  5. ⓑ  6. ⓐ  7. ⓐ
8. ⓓ  9. ⓑ  10. ⓐ  11. ⓒ  12. ⓒ  13. ⓑ  14. ⓓ
15. ⓒ  16. ⓐ

1. 나를 초대해 주셔서 감사합니다.
2. 우리의 목표는 챔피언이 되는 것이다.
3. 음악을 듣는 것은 지루하다.
4. 그의 취미는 말을 타는 것이다.
5. 그녀는 친구들에게 편지 쓰는 것을 좋아한다.
6. 꽃을 그리는 것은 쉽지 않다.
7. 다른 사람에게 친절하게 하는 것은 좋다.
8. 내 꿈은 유럽을 여행하는 것이다.
9. 우리는 그 주제에 대해서 이야기하는 것을 즐긴다.
10. 야구하는 것은 매우 즐겁다.
11. 나는 로봇 만드는 것에 흥미가 있다.
12. 그는 새로운 MP3를 살 생각을 하고 있다.
13. John은 리포트 쓰는 것을 끝냈다.
14. 그의 직업은 아이들에게 영어를 가르치는 것이다.
15. 나는 늦게까지 일하는 것에 지쳤다.
16. 외국에서 공부하는 것은 매우 어렵다.

### Fragment 02  to부정사, 동명사를 목적어로 쓰는 동사
p.073~074

**A** 1. to be  2. to buy  3. crying/to cry
4. to buy  5. borrowing  6. to do
7. to move  8. playing  9. surfing
10. going  11. answering  12. to stay
13. waiting  14. mind  15. to travel

**B** 1. to keep/keeping  2. to enjoy
3. to rain/raining  4. to listen/listening
5. washing  6. to travel  7. to play
8. to talk/talking  9. to play/playing
10. finding

**A** 1. 나는 부자가 되길 원한다.
2. 나는 약간의 꽃을 사기를 희망했다.
3. 그 아이는 울기 시작했다.
4. 그녀는 시계를 사기를 원한다.

5. Jenny는 돈을 약간 빌리는 것을 고려한다.
6. 우리는 매일 운동하기로 결심했다.
7. 그녀는 서울로 이사하기로 계획을 세웠다.
8. 그는 컴퓨터 게임하는 것을 끝냈다.
9. 인터넷 서핑하는 것을 즐기니?
10. 우리는 소풍가는 것을 포기했다.
11. 우리는 그 문제에 대답하는 것을 연기할 수 없다.
12. 나는 오늘밤에 집에 머무르기로 약속했다.
13. 어머니는 계속해서 James를 기다렸다.
14. 좀 더 크게 말해 주시면 안 될까요?
15. 나는 외국으로 여행가는 것에 동의했다.

**B** 1. James는 일기 쓰는 것을 좋아하지 않는다.
2. 우리 모두 삶을 즐기길 바란다.
3. 비가 내리기 시작했다.
4. 그는 재즈 음악 듣기를 좋아한다.
5. 나는 설거지를 끝마쳤다.
6. 그녀는 유럽으로 여행하는 것을 기대하고 있다.
7. 그녀는 피아노를 연습했다.
8. 그들은 그의 결혼에 대해서 계속 얘기하고 있다.
9. Jenny는 축구를 싫어한다.
10. 우리는 학교 근처의 아파트를 찾는 것을 포기했다.

### Fragment 03  동명사의 관용 표현
p.075

1. shopping  2. jogging  3. sailing  4. camping
5. snowboarding  6. dancing  7. taking
8. finding  9. playing  10. seeing

## 절대 내신 문제

p.076~078

1. ① 2. ④ 3. ④ 4. ⑤ 5. ② 6. ⑤ 7. ③
8. ③ 9. ③ 10. ⑤ 11. ① 12. ① 13. ③ 14. ⑤
15. ③ 16. ① 17. ② 18. ② 19. ⑤ 20. ②

[서술형 주관식 문제]
1. using  2. making  3. studying → to study
4. to do/doing  5. looking forward to seeing

**1** 정답  ①
해석  그는 대기실에 있다.
그의 직업은 줄을 서서 기다리는 것이다.
해설  명사와 함께 쓰여 하나의 명사 역할을 하거나 문장의 보어가 되는 동명사가 들어가는 것이 적절하다.

**2** 정답  ④
해석  ① 담배를 그만 피워라!
② 수영하러 가자.
③ James는 축구를 잘한다.
④ 그는 변호사가 되기로 결정했다.
⑤ 음악 듣는 것이 어때?
해설  decide는 to부정사를 목적어로 취하는 동사이다.

**3** 정답  ④
해석  Ben은 피자를 잘 만든다.
① 그녀가 방 청소를 하고 있니?
② 그들은 영어를 공부하고 있다.
③ 우리는 야구를 하지 않는다.
④ 너는 그 클럽에 가입하는 것에 관심이 있니?
⑤ 그녀는 그를 보고 있다.
해설  전치사의 목적어로 쓰인 동명사를 찾으면 된다.

**4** 정답  ⑤
해석  ① 그는 나를 가르치기를 원한다.
② 나는 집에 가기로 결정했다.
③ Jenny는 간호사가 되고 싶어 한다.
④ 그들은 농구하는 것을 멈췄다.
⑤ 문 열어도 될까요?
해설  mind는 동명사를 목적어로 취하는 동사이다.

**5** 정답  ②
해석  음악을 듣는 것이 더 낫다.
나는 음악 듣는 것을 즐긴다.
해설  주어나 목적어가 되는 동명사를 묻는 문제이다. enjoy는 동명사만을 목적어로 취하는 동사이다.

**6** 정답  ⑤
해석  ① 스키 타러 가자.
② 그는 여가 시간에 낚시를 즐긴다.
③ 나의 취미는 요리를 만드는 것이다.
④ 그녀는 노래를 아주 잘한다.
⑤ 이를 닦는 것은 건강에 좋다.
건강은 이를 닦는 것이다.
해설  ⑤는 의미상 다른 문장이다.

**7** 정답  ③
해석  나는 게임에 이기길 원한다.
해설  hope가 나왔으므로 목적어로 to부정사가 나와야 적절하다.

**8** 정답  ③
해석  나의 어머니는 내가 약간의 사탕을 사오길 원하셨다.
해설  want가 나왔으므로 목적어로 to부정사가 들어가는 것이 적절하다.

**9** 정답  ③
해석  지금 춤추는 게 어때?
해설  how about 다음에 들어갈 말은 동명사가 적절하다.

**10** 정답  ⑤
해석  도와줘서(너의 친절에, 이메일 보내 줘서, 선물) 고마워
해설  전치사 뒤에 to부정사가 오는 것은 적절지 않다.

**11** 정답  ①
해석  ① 나는 유럽에 가고 싶다.
② 그녀는 노래하는 것을 좋아한다.
③ 바다에서 수영하는 것은 매우 위험하다.
④ 우리는 영어로 일기 쓰는 것에 대해서 이야기했다.

024

⑤ 그는 일찍 자는 것을 좋아한다.

해설 ② to singing → to sing
③ Swim → Swimming
④ keep → keeping
⑤ to sleep → sleeping

**12** 정답 ①
해석 ① 런던까지 차로 1시간 걸린다.
② 그는 그림을 잘 그린다.
③ 우리는 항상 함께 춤추는 것을 즐긴다.
④ James는 조부모를 방문하길 좋아한다.
⑤ 그는 침실에 있다.
해설 동명사는 동사로 쓰일 수 없다.

**13** 정답 ③
해석 아내와 나는 웃음을 참을 수가 없었다.
해설 keep from 다음에는 동명사가 온다.

**14** 정답 ⑤
해석 A: 너는 언제 숙제를 끝낼 수 있니?
B: 대략 6시 정도.
해설 finish는 동명사를 목적어로 취하는 동사이다.

**15** 정답 ③
해설 look forward to 다음에는 동명사가 들어가는 것이 적절하다.

**16** 정답 ①
해석 ① 나는 유럽을 방문하기를 희망한다.
② 그는 세차를 잘한다.
③ 나의 직업은 아이들에게 영어를 가르치는 것이다.
④ 창문을 열어도 되겠습니까?
⑤ 경기를 하는 것이 내가 가장 좋아하는 것이다.
해설 expect 다음에는 to부정사가 목적어로 와야 한다.

**17** 정답 ②
해석 그녀는 책 읽는 데에 많은 시간을 보낸다.
해설 'spend + 시간 + (in) + 동명사'의 형태가 되는 것이 적절하다.

**18** 정답 ②
해석 나는 극장에 가는 것을 좋아한다(즐긴다, 원한다, 바란다, 소망한다).
해설 enjoy는 목적어로 동명사가 와야 한다.

**19** 정답 ⑤
해석 그는 다음 달에 그의 가게를 여는 것을 원했다(바랐다, 결정했다, 계획했다, 포기했다)
해설 give up은 뒤에 to부정사를 목적어로 취하지 않고 동명사를 목적어로 취한다.

**20** 정답 ②
해석 Bill은 새로운 과목을 배우는 것에 매우 관심이 있다.
해설 '~에 관심이 있다'는 의미의 be interested in 다음에는 동명사가 오는 것이 적절하다.

### 서술형 주관식 문제

**1** 정답 using
해석 내가 너의 컴퓨터를 사용해도 되니?
해설 mind 다음에는 목적어로 동명사가 온다.

**2** 정답 making
해석 실수를 해서 죄송합니다.
해설 for(전치사)의 목적어가 되려면 동명사가 와야 한다.

**3** 정답 studying → to study
해석 그는 미래에 뉴욕에서 공부하기를 원한다.
해설 hope는 to부정사를 목적어로 취하는 동사이다.

**4** 정답 to do, doing
해설 동사를 변형하여 문장의 보어 역할을 할 수 있도록 하는 것은 to부정사와 동명사이다.

**5** 정답 looking forward to seeing
해석 A: 나는 그녀가 매우 그리워.
B: 나도 그래. 그녀를 만나길 고대하고 있어.
해설 look forward to + 동명사: ~하기를 고대하다

1. ⑤    2. ③

**1**    정답    ⑤

해석    요즘 우리는 지하철 안이나, 버스, 식당, 심지어 극장에서도 전화가 울리는 소리를 들을 수 있다. 그 벨소리는 대개 유행가나 일종의 영화 음악이다. 우리는 또한 몇몇 사람들이 자기 사생활의 깊은 세부 사항까지도 말하는 것을 듣게 된다. 여러분은 공중 화장실에 갈 때는 언제나 옆 칸에서 한 쪽의 대화가 새어 나오는 것을 들어야 한다.

해설    ⑤ without(전치사)의 목적어이므로 동명사가 쓰이는 것이 적절하다.

어휘    relate 이야기하다
intimate 친밀한, 깊은
detail 세부, 사소한 일
emerge 나타나다, 새어 나오다
stall 칸막이한 작은 방

**2**    정답    ③

해석    우리 친척인 Kevin과 Jessy가 뉴욕에 있는 우리 부모님을 방문했을 때, 그들은 늦게까지 사진 앨범과 가족 영화를 보았다. 아빠는 제일 먼저 잠자리에 드셨다. 다음날 아침 아빠가 팬케이크를 만들려고 하실 때, Jessy가 부엌으로 들어왔다. 아빠는 몇 시에 잤는지를 알려고 그녀에게, "음, 어젯밤 얼마나 늦게까지 있었니?"라고 물었다. 그녀는, "대략 1956년까지 봤어요."라고 대답했다.

해설    전치사의 목적어로 동명사가 와야 한다.

어휘    relative 친척
pancake 팬케이크

---

**Chapter 06**

# 분사

**Fragment 01** 현재분사와 과거분사의 개념    p.082

**A** 1. dancing   2. forgotten   3. written
    4. sleeping   5. given   6. rolling   7. used
    8. sitting   9. singing   10. smiling

**B** 1. seen   2. running   3. broken   4. fixing
    5. written   6. playing   7. painted   8. excited
    9. bitten   10. wearing

**B** 1. 코끼리를 본 적이 있니?
    2. 거기서 달리고 있는 저 사람이 누구니?
    3. 그 창문은 James에 의해서 깨졌다.
    4. 아버지는 자전거를 고치고 계셨다.
    5. 이 책은 Smith에 의해 쓰였다.
    6. 그들은 음악이 연주되는 것을 들었다.
    7. 색칠된 막대들이 어디에 있니?
    8. 그는 새로운 소식에 흥미를 느꼈다.
    9. 그 인형은 개에 의해서 물렸다.
    10. 파란 셔츠를 입은 사람은 누구인가?

**Fragment 02** 분사의 역할    p.083

**A** 1. called     2. singing     3. forgotten
    4. painted     5. smiling     6. playing
    7. made     8. interesting     9. covered
    10. standing

**B** 1. wearing     2. made     3. swimming
    4. crying     5. called

**A** 1. 나는 내 이름이 불리는 것을 결코 듣지 못했다.
    2. 새의 노래 소리를 들어라.
    3. 그녀는 그녀가 잃어버렸던 반지를 찾았다.
    4. Susan은 그림이 그려진 바지를 가지고 있다.
    5. 웃고 있는 저 아기를 알고 있니?
    6. 피아노를 연주하는 그 소녀가 내 딸이다.
    7. 이탈리아에서 만들어진 신발이 있다.
    8. 매우 재미있는 이야기이다.
    9. 눈 덮인 그 높은 산이 Everest이다.
    10. 거기에 서 있는 사람이 나의 삼촌이다.

**Fragment 03** 동명사와 현재분사　　　　　p.084

1. G　2. P　3. G　4. P　5. G　6. G　7. P　8. P
9. G　10. P

1. 무용실에 가자.
2. Jenny는 사진을 찍고 있다.
3. 그는 침낭을 샀다.
4. 나는 놀라운 이야기를 들었다.
5. 엄마는 요리하는 것을 즐긴다.
6. 너는 탈의실을 쓸 수 있다.
7. James는 인터넷 서핑을 하고 있다.
8. 다음 문장을 보아라.
9. 너는 이 베이킹파우더를 사용할 수 있다.
10. 우리는 살아있는 모든 것을 사랑한다.

## 절대 내신 문제　　　　　p.085~087

1. ②　2. ④　3. ③　4. ⑤　5. ⑤　6. ③　7. ②
8. ⑤　9. ⑤　10. ④ 11. ④ 12. ⑤ 13. ③ 14. ①
15. ⑤ 16. ④ 17. ③ 18. ③ 19. ③ 20. ④

[서술형 주관식 문제]
1. stood → standing/stand
2. crowding → crowded
3. bored, boring　4. lying
5. little cat called Kitty

**1**　정답　②
　해석　나는 내 뒤에서 내 이름이 불리는 것을 들었다.
　해설　'불리는 것'이므로 과거분사가 들어가는 것이
　　　　적절하다.

**2**　정답　④
　해석　우리는 흥미진진한 게임에 흥미진진했다.
　해설　앞부분은 '흥미진진하게 느껴지는 것'이므로
　　　　과거분사가, 뒷부분은 '흥미로운 경기'이므로
　　　　현재분사가 쓰여야 한다.

**3**　정답　③
　해석　① 그 경기는 흥미진진했다.
　　　　② 나는 그 소문에 놀랐다.
　　　　③ 그 드라마는 매우 지루하다.

④ 그녀는 잘생긴 남자에 관심이 있다.
⑤ 그 소식은 매우 놀랍다.
　해설　사람의 감정을 나타낼 때는 과거분사가, 사물
　　　　의 상태를 나타낼 때는 현재분사가 쓰인다.

**4**　정답　⑤
　해설　'이야기가 끝난 것'이므로 과거분사로 쓰는 것
　　　　이 적절하다.

**5**　정답　⑤
　해석　① 짖고 있는 개는 내 것이다.
　　　　② 프라이한 계란을 더 좋아하니?
　　　　③ 거기에 서 있는 여자가 Mrs. 김이다.
　　　　④ 그는 곧 그 일을 끝내길 원한다.
　　　　⑤ John은 종이로 만든 모자를 쓰고 있었다.
　해설　'만들어진'의 의미이므로 과거분사로 쓰는 것
　　　　이 적절하다.

**6**　정답　③
　해석　나는 그의 결혼 이야기에 관심이 있었다.
　해설　'그 결혼 이야기가 재미있는 것'이므로 능동의
　　　　의미인 현재분사로 쓰는 것이 적절하다.

**7**　정답　②
　해석　너는 깨진 유리창을 배상해야만 한다.
　해설　'깨진 유리창'이므로 수동의 의미인 과거분사
　　　　로 쓰는 것이 적절하다.

**8**　정답　⑤
　해석　① 그녀는 사진 찍으면서 서 있었다.
　　　　② 떠오르는 해가 아름답다.
　　　　③ 너는 아이가 말을 타고 있는 것을 보았니?
　　　　④ 그 게임을 보는 관중이 있다.
　　　　⑤ 그녀는 그녀의 돈을 도난당했다.
　해설　'도난당한'의 의미이므로 수동의 의미인 과거
　　　　분사로 쓰는 것이 적절하다.

**9**　정답　⑤
　해석　그 소녀는 음악을 들으면서 앉았다.
　　　　James는 그의 번호가 불리는 것을 들었다.
　해설　음악을 듣는 것은 능동의 의미이므로 현재분
　　　　사가, 불리는 것은 수동의 의미이므로 과거분
　　　　사가 쓰이는 것이 적절하다.

10 정답 ④
   해석 ① Ben은 수영장에서 수영하고 있다.
        ② 유럽에 가 본 적이 있니?
        ③ 깨진 유리는 내 것이다.
        ④ 이 책은 Tylus에 의해서 쓰였다.
        ⑤ 그들은 축구를 하고 있다.
   해설 '쓰인 책'이라는 의미이므로 과거분사가 쓰여
        야 적절하다.

11 정답 ④
   해석 문을 열어도 되겠습니까?
        ① 나는 서울을 떠나기 전에 엄마를 방문하고
          싶다.
        ② 그는 담배를 끊기로 결심했다.
        ③ 거실에 많은 아이가 있다.
        ④ 노래 부르는 아이를 보아라.
        ⑤ 일본어를 타이핑하는 것은 나에게 쉽지 않다.
   해설 ④는 명사를 수식하는 현재분사로 쓰였다.

12 정답 ⑤
   해석 ① Jenny는 그 책에 관심이 있었다.
        ② 흥미진진한 쇼가 될 것이다.
        ③ 집으로 가는 중입니까?
        ④ 그 놀라운 소식을 들었니?
        ⑤ 그는 점수를 보고 놀랐다.
   해설 놀랍게 느껴진 것이므로 과거분사로 쓰여야
        적절하다.

13 정답 ③
   해석 ① 나는 수영하는 것이 두렵다.
        ② 그녀는 수영하는 것을 좋아한다.
        ③ 그는 강에서 수영하고 있었다.
        ④ 그들은 수영하는 것을 즐겼다.
        ⑤ 나의 취미는 수영이다.
   해설 다른 것은 모두 동명사인데 ③은 과거진행형
        에 쓰인 현재분사이다.

14 정답 ①
   해석 땅 위에 떨어져 있는 낙엽을 봐라.
   해설 '떨어진 낙엽'이므로 수동의 의미인 과거분사
        로 쓰는 것이 적절하다.

15 정답 ⑤
   해석 ① 어제 비가 왔었다.

② 미국에 살고 있는 내 친구가 나에게 편지를
          보냈다.
        ③ 나는 달아나는 개를 보았다.
        ④ 나는 잠자는 아이를 돌봤다.
        ⑤ 그녀는 혼자 밖에 나가는 것을 무서워한다.
   해설 전치사의 목적어로 쓰였으므로 동명사로 쓰였
        다.

16 정답 ④
   해석 나는 돈이 없었기 때문에 중고차를 사야 했다.
   해설 '사용된'이라는 수동의 의미를 나타내므로 과
        거분사가 쓰이는 것이 적절하다.

17 정답 ③
   해석 나는 Julia를 보았다. 그녀는 개와 함께 걷고
        있었다.
   해설 지각동사(see)의 목적격보어로 현재분사가
        쓰였다.

18 정답 ③
   해석 웹사이트에서 너무 많은 개인 정보를 요구하
        는 것에 짜증났다.
   해설 각각 수동의 의미의 annoyed, 능동의 의미의
        asking이 들어가는 것이 적절하다.

19 정답 ③
   해석 나는 그림을 걸고 있는(아침에 울고 있는, 약
        간의 쿠키를 만들고 있는, 거기에 서 있는, 신
        문을 읽고 있는) 아버지를 보았다.
   해설 지각동사의 목적격보어로는 동사원형이나 현
        재분사가 들어가는 것이 적절하다.

20 정답 ④
   해석 ① 나는 나의 태블릿 PC를 고쳤다.
        ② 나는 Jessy라 불리는 고양이가 있다.
        ③ 그는 중국어로 쓰인 책을 읽고 있었다.
        ④ 그 소식은 나를 놀라게 했다.
        ⑤ 그녀는 그 점수에 실망했다.
   해설 ④는 과거시제 본동사로 쓰였다. 나머지는 모
        두 과거분사이다.

**1** 정답 stood → standing/stand
해석 그 선생님은 책상 앞에 서 있는 그를 보았다.
해설 지각동사의 목적보어로 동사원형 또는 현재분사가 적절하다.

**2** 정답 crowding → crowded
해석 붐비는 지하철에서 큰소리로 말하지 마세요.
해설 '붐비는'이 수동의 의미로 쓰여야 하므로 과거분사가 적절하다.

**3** 정답 bored, boring
해설 사람의 감정을 나타낼 때는 과거분사가, 사물의 상태를 표현할 때는 현재분사가 쓰인다.

**4** 정답 lying
해설 '누워 있는'의 능동의 의미이므로 현재분사가 들어가는 것이 적절하다.

**5** 정답 little cat called Kitty
해설 '불리는'의 의미이므로 과거분사가 들어가는 것이 적절하다.

## 수능 절대 문항 맛보기  p.088

1. ⑤ 2. ③

**1** 정답 ⑤
해석 내가 처음 안경을 썼을 때, 새로운 세계가 열렸다. "처음에는 어지러울지도 몰라."라고 의사 선생님이 말씀하셨다. "머리가 아프기 시작하면, 안경을 벗고 눈을 좀 쉬게 하렴. 좋지 않은 시력에 익숙해 있으면 완벽한 시력은 좀 이상하거든." 나는 의자에서 껑충 뛰어 내렸다. 정원으로 들어섰을 때, 나는 깜짝 놀랐다. 전보다 가깝게 나무들을 볼 수 있었다.
해설 '깜짝 놀라다'는 수동의 의미이므로 과거분사인 amazed가 와야 한다.
어휘 dizzy 어지러운
take off ~을 벗다
eyesight 시력

**2** 정답 ③
해석 춥고 겁먹은 세 아이들은 늪지대에서 길을 잃어 버렸다. 그들은 오늘 아침에 수색대에 의해서 발견되었다. 그 발견으로 수백 명의 사람들이 관련된 구조 작업이 끝나게 되었다. 아이들은 서로 껴안고 몸을 따뜻이 하고 위로를 삼기 위하여 그들의 개를 껴안고 고지대의 조그만 흙무덤에서 밤을 보냈다. 각각 7세와 5세인 Mina와 Juliet 그리고 11살 된 사촌인 Bruce Williams는 두 명의 경관들에 의해서 아침 8시 15분에 발견되었다. Conan은 그들을 보았을 때, "얘들아 이리 오렴." "이리 와서 나를 안아 주렴."이라고 소리쳤다.
해설 ③ 과거분사 involved를 현재분사 involving으로 고쳐야 한다.
어휘 scared 무서운, 겁먹은
swamp 늪지대
rescue 구조
mound 흙무덤, 제방
hug 껴안다

## Chapter 07

# 수동태

### Fragment 01 수동태

p.090~092

**A**
1. answered  2. been  3. beared
4. begun  5. bended  6. blown
7. broken  8. bred  9. brought
10. built  11. burned  12. bought
13. carried  14. caught  15. collected
16. done  17. drown  18. drunk(en)
19. dropped  20. eaten  21. found
22. flown  23. forgotten  24. got(ten)
25. given  26. gone  27. had .
28. held  29. invited  30. kept
31. known  32. laid  33. lost
34. made  35. met  36. opened
37. put  38. read  39. rung
40. said  41. seen  42. sold
43. sent  44. set  45. shut
46. sung  47. spoken  48. stolen
49. stopped  50. taken  51. taught
52. told  53. thought  54. thrown
55. tried  56. understood 57. used
58. woken  59. worn  60. written

**B**
1. is painted by  2. is written by
3. is studied by  4. are painted by
5. am called by  6. are seen by
7. is eaten by  8. is believed by
9. were taken by  10. was discovered by
11. was sold by  12. are worn by
13. was broken by  14. was opened by
15. was heard by  16. were bought by
17. was[is] read by  18. was played by
19. was broken by  20. was eaten by

**B**
1. 나는 집에 페인트를 칠한다.
2. 나는 편지를 쓴다.
3. 우리는 영어를 아주 열심히 공부한다.
4. 그는 많은 그림을 그린다.
5. 엄마가 나에게 전화한다.
6. 우리는 밤에 별들을 본다.
7. 나는 매일 사과를 먹는다.
8. 나는 그의 말을 믿는다.
9. Jenny는 몇몇 동물들을 데려왔다.
10. Columbus는 미국을 발견했다.

11. 아버지는 그 차를 팔았다.
12. 나는 운동화를 신었다.
13. Tom은 꽃병을 깨뜨렸다.
14. 그들은 그 문을 열었다.
15. 우리는 그 소리를 들었다.
16. 그녀는 치즈 3조각을 샀다.
17. 많은 사람이 그 이야기를 읽었다.
18. 우리는 어제 그 경기를 했다.
19. Tom이 그 컴퓨터를 고장냈다.
20. 나는 햄버거를 먹었다.

### Fragment 02 5형식의 수동태

p.093

1. My son was made a scientist by me.
2. The baby was called Julie by us.
3. I am thought kind by Jenny.
4. He was elected a president by us.
5. He was made a star by the movie.
6. He was thought honest by me.
7. Bill was called 'Dancing Machine' by her.
8. I am made sad by the sound.
9. A bird was found dead by James.
10. The story is found boring by him.

1. 나는 내 아들을 과학자로 만들었다.
2. 우리는 그 아이를 Julie라고 불렀다.
3. Jenny는 나를 친절하다고 생각한다.
4. 우리는 그를 회장으로 뽑았다.
5. 그 영화는 그를 스타로 만들었다.
6. 나는 그가 정직하다고 생각했다.
7. 그녀는 Bill을 Dancing Machine으로 불렀다.
8. 그 소리는 나를 슬프게 만들었다.
9. James는 죽은 새를 발견했다.
10. 그는 그 이야기가 지루한 것을 알았다.

### Fragment 03 수동태에서 알아두어야 할 것

p.094

**A**  1. O  2. X  3. O  4. X  5. X
**B**  1. by someone  2. X  3. by someone
4. X  5. by people

**A**
1. 그의 아버지는 카메라를 샀다.
2. 한국 사람들은 매우 잘 돕는다.
3. Jenny는 그 상자를 열었다.
4. 그 꽃이 붉게 되었다.

5. Mrs. Brown은 우리 영어 선생님이다.

**B** 1. 그 창문은 누군가에 의해서 깨졌다.
2. 그 신발은 Jenny에 의해서 구매되었다.
3. 그 책상은 누군가에 의해서 만들어졌다.
4. 우리 집은 엄마에 의해서 청소된다.
5. 내 가방은 어떤 사람에 의해서 도난당했다.

## 절대 내신 문제

1. ① 2. ② 3. ③ 4. ③ 5. ④ 6. ⑤ 7. ②
8. ③ 9. ④ 10. ④ 11. ① 12. ④ 13. ⑤ 14. ⑤
15. ① 16. ⑤ 17. ② 18. ③ 19. ⑤ 20. ②

[서술형 주관식 문제]
1. by someone 2. was eaten 3. isn't finished
4. The results will be announced next week.
5. telling → being told

**1** 정답 ①
해석 영어는 오스트레일리아와 뉴질랜드에서 말해진다.
해설 '말해지는 것'은 수동의 의미이므로 수동태로 써야 적절하다.

**2** 정답 ②
해석 ① 그 선물은 내 여동생에 의해서 포장되었다.
② Jenny는 그녀의 어머니와 닮았다.
③ James의 가방은 누군가에 의해서 도난당했다.
④ 그 사진은 Ruby에 의해서 찍혔다.
⑤ 그 수학 문제는 Ban에 의해서 풀렸다.
해설 resemble은 수동태로 쓸 수 없는 동사이다.

**3** 정답 ③
해설 과거형 수동태가 들어가는 것이 가장 적절하다.

**4** 정답 ③
해석 지난 주말에 그가 무엇을 만들었니?
해설 의문사는 수동태가 되어도 문장 앞에 위치한다. 또한 시제가 과거이기 때문에 동사도 과거형을 써야 한다.

**5** 정답 ④
해석 그녀는 울고 있는 고양이를 돌보았다.
해설 시제가 과거이고 take care of는 하나의 개념이다. 수동태가 되어도 of를 생략해서는 안 된다.

**6** 정답 ⑤
해석 그 새로운 계획은 다음 주에 받아질 것이다.
해설 조동사가 있는 수동태의 경우 '조동사 + be + 과거분사'의 형태가 된다.

**7** 정답 ②
해석 그 회의는 더 이상 연기될 수 없다. 이것은 내일 개최되어야만 한다.
해설 '연기되는 것'이므로 'be delayed'가 되어야 적절한 표현이 된다.

**8** 정답 ③
해석 곰이 지난달에 숲에서 그에 의해 발견되었다.
해설 발견된 것이므로 수동태로 쓰여야 적절하다.

**9** 정답 ④
해석 ① 나의 차는 그 남자에 의해서 수리되었다.
② 그 집은 나에 의해 칠해졌다.
③ 그 가방은 이탈리아 장인에 의해서 만들어졌다.
④ Bill Gates는 마이크로소프트를 만들었다.
⑤ 이 노래는 그 그룹에 의해서 연주되었다.
해설 '만든 것'이므로 능동태로 써야 적절하다.

**10** 정답 ④
해석 나는 어제 James의 집에 갔다. 나는 저녁 초대를 받았다.
해설 시제가 과거이고 '초대 받았다'의 의미가 되어야 하므로 과거형 수동태로 쓰는 것이 적절하다.

**11** 정답 ①
해석 많은 사람은 그녀를 '댄싱 머신'이라고 불렀다.
해설 5형식의 수동태로 능동태의 목적격보어가 수동태의 주격보어가 된다.

**12** 정답 ④

해석 ④ 그 창문은 깨졌다.

해설 수동태로 만드는 데 행위자를 모를 때는 'by
+ 목적격'은 생략할 수 있다.

**13** 정답 ⑤

해석 A: 그들은 캐나다에서 영어로 말하니?
B: 응, 영어는 거기에서 말해지거든.

해설 '말해지는 것'이므로 수동태로 쓰는 것이 적절
하다.

**14** 정답 ⑤

해석 ① 설탕은 그들에 의해 가게에서 팔린다.
② 그 기계는 누군가에 의해서 작동된다.
③ 프랑스어는 프랑스 사람에 의해서 말해진다.
④ 내 차는 누군가에 의해 도난당했다.
⑤ 그 제목은 학생들에 의해서 만들어졌다.

해설 대상이 분명한 경우 'by + 목적격'은 생략될
수 없다.

**15** 정답 ①

해석 그 계획은 보잘것없는 생각에서 시작되었다.

해설 일반적인 행위자가 생략되어 있으므로 능동태
가 되면 그 행위자를 주어 자리에 쓰고 동사는
과거시제로 써 준다.

**16** 정답 ⑤

해석 많은 사람이 그 사고로 죽었다.

해설 죽음을 당한 것이므로 수동태로 쓰고 주어가
복수이므로 were killed가 적절하다.

**17** 정답 ②

해석 그의 선생님은 그에게 숙제를 다시 하도록 시
켰다.

해설 사역동사 make는 수동태로 전환할 때 부정
사구 앞에서 to를 쓴다. 따라서 was made
to가 적절하다.

**18** 정답 ③

해석 그 쓰레기는 강에 버려져서는 안 된다.

해설 조동사 뒤이므로 동사원형이 와야 하고 '버려
지는'의 의미이므로 be thrown이 적절하다.

**19** 정답 ⑤

해설 미래의 일을 나타내므로 조동사 will이 와야
하고 '열려지는 것'이므로 수동태로 써야 한
다.

**20** 정답 ②

해설 '~하고 있는 중이다'라는 의미이므로 진행형
이고, '녹음이 되는 것'이므로 수동태로 써야
적절하다.

### 서술형 주관식 문제

**1** 정답 by someone

해석 그 사원은 600년 전에 누군가에 의해서 지어
졌다.

해설 누군지 모르는 행위자가 나올 때는 생략할 수
있다.

**2** 정답 were eaten

해석 Ben은 탁자 위의 모든 피자를 먹었다.

해설 과거형 수동태는 'be동사의 과거형 + 과거분
사'이다.

**3** 정답 isn't finished

해석 나는 아직 숙제를 끝마치지 못했다.

해설 부정문의 수동태는 'be not + 과거분사'이다.

**4** 정답 will be announced

해석 A: 그 시험 결과가 언제 나오나요?
B: 그 결과는 다음 주에 나옵니다.

해설 시제가 미래이고 수동의 의미이므로 'will +
be + 과거분사'의 형태로 써야 적절하다.

**5** 정답 telling → being told

해설 '지시를 받는 것'이므로 수동태로 써야 한다.

1. ③  2. ⑤

**1**    정답    ③

해석    어느 누구도 원자력 에너지가 현대의 가장 경이로운 발견들 중 하나라는 것을 의심하지 않을 것이다. 그러나 그것이 항상 우리의 공포심과 연관되어 있다는 것도 부인할 수 없다. 이것은 아주 불행한 사실이다. 원자 폭탄은 다시 사용되어서는 안 된다. 그러므로 과학자들뿐만이 아니라 보통 사람들도 이 에너지가 오용되지 않도록 끊임없는 노력을 해야 한다.

해설    ③ '연결되어짐을 당하는 것'이므로 수동태로 쓰는 것이 적절하다.

어휘    atomic 원자(력)의
make efforts 노력하다

**2**    정답    ⑤

해석    생태계 안에서 서로 돕는 것은 중요하다. 사람들은 때때로 생태계를 스포츠 팀과 비교한다. 스포츠 팀은 서로 다른 선수가 많이 있고 각 선수는 자기 자신의 역할이 있지만, 같이 협동함으로써 팀을 구성한다. 생태계도 또한 식물, 동물, 공기 심지어 바위와 같은 많은 것들로 구성되어 있다. 이것들이 합쳐서 생태계를 구성한다.

해설    수동태의 주어는 능동태의 목적어이므로 목적어를 취하지 않는 자동사는 수동태로 쓸 수 없음을 잘 기억해 둔다. 특히 우리말로 수동의 의미로 해석되는 자동사 'consist, appear, belong, look, feel, result, seem, sound' 등은 특히 유의해야 한다. 그러므로 ⑤는 consists of로 고쳐야 한다.

어휘    ecosystem 생태계
compare A to B A와 B를 비교하다

## Chapter 08

# 관사, 명사

**Fragment 01**   부정관사      p.100

1. a   2. a   3. an   4. a   5. an   6. an   7. a
8. a   9. An   10. a   11. an   12. a   13. A   14. an
15. an   16. an   17. an   18. a   19. a   20. a

1. 그녀는 모자를 가지고 있다.
2. 그것이 개입니까?
3. 나의 아버지는 엔지니어이다.
4. 나는 개 한 마리와 고양이 두 마리를 가지고 있다.
5. Tom은 미국인인가요?
6. 이것은 오래된 책이다.
7. James는 좋은 소년이다.
8. 그 학생들은 아주 좋은 컴퓨터를 원한다.
9. 1시간은 60분이다.
10. 그것은 좋은 생각이다.
11. 너는 와플을 만들기 위해 계란 하나가 필요하다.
12. 잠시만 기다려라.
13. 컴퓨터는 매우 유용하다.
14. 우산을 하나 빌려 주시겠습니까?
15. 흥미진진한 경기였다.
16. Jenny는 매일 오렌지를 하나씩 먹는다.
17. 이것은 놀랄 만한 이야기이다.
18. 그는 좋은 선생님이 될 거다.
19. 펜을 하나 가지고 있습니까?
20. 그는 하루에 3시간을 공부한다.

**Fragment 02**   정관사      p.101

1. the   2. The   3. a   4. a   5. The   6. an
7. the   8. an   9. The   10. the

1. 나는 기타를 연주할 수 있다.
2. 그 잔의 물은 더럽다.
3. Thomas 씨는 좋은 선생님이다.
4. 그는 새로운 차를 샀다.
5. 그 책이 책상 위에 있다.
6. 이것은 우산입니까?
7. 서울은 대한민국의 수도이다.
8. Jenny는 오래된 컴퓨터를 가지고 있다.
9. 방 안의 그 고양이는 매우 귀엽다.
10. 우리는 파운드 단위로 설탕을 팔았다.

**Fragment 03** 관사를 쓰지 않는 경우　　　p.102

> 1. X　2. an　3. a　4. X　5. a　6. A　7. the
> 8. an　9. The 10. X　11. an 12. the 13. a 14. a
> 15. an 16. a　17. X　18. an 19. The 20. The

1. 나는 매일 아침을 먹는다.
2. TV에서 흥미로운 경기가 한다.
3. Boa는 매우 유명한 가수이다.
4. 그는 야구를 한다.
5. 그녀는 유능한 학생이다.
6. 1주일은 7일이다.
7. 태양은 달보다 크다.
8. 형은 사과 하나를 먹고 나는 바나나 두 개를 먹었다.
9. 탁자 위의 열쇠는 내 것이다.
10. 나의 아버지는 택시로 출근하신다.
11. 그는 한 시간 전에 그녀를 만났다.
12. 나는 사진 속의 그 남자를 안다.
13. Betty는 아들 하나와 딸 둘이 있다.
14. 그녀는 현명한 아내가 되었다.
15. 그들은 코끼리 한 마리를 보았다.
16. 그녀는 블라우스를 입었다.
17. 케이크 한 조각에 얼마입니까?
18. 그녀는 영어 선생님이다.
19. 경기를 했다. 그 경기는 매우 재미있다.
20. 나무 아래 있는 그 남자가 우리 아버지이다.

**Fragment 04** 명사의 종류　　　p.103～104

> 1. C　2. C　3. C　4. C　5. C　6. U　7. U
> 8. U　9. U　10. U　11. U　12. C　13. U　14. C
> 15. C　16. C　17. C　18. C　19. C　20. U　21. C
> 22. C　23. U　24. U　25. C　26. U　27. C　28. U
> 29. C　30. U　31. U　32. U　33. U　34. U　35. U
> 36. U　37. C　38. C　39. U　40. C　41. C　42. U
> 43. U　44. U　45. U　46. U　47. C　48. U　49. C
> 50. U　51. C　52. U　53. U　54. U　55. U　56. U
> 57. U　58. U　59. U　60. C　61. C　62. U　63. U
> 64. C　65. U　66. C　67. C　68. C　69. U　70. C
> 71. C　72. U

**Fragment 05** 명사의 복수형　　　p.105～108

**A**
| | | |
|---|---|---|
| 1. babies | 2. boxes | 3. boys |
| 4. brothers | 5. buses | 6. butterflies |
| 7. candies | 8. caps | 9. cellos |
| 10. cell phones | 11. chairs | 12. children |
| 13. churches | 14. cities | 15. classes |
| 16. comedies | 17. countries | 18. cows |
| 19. deer | 20. desks | 21. dishes |
| 22. dresses | 23. ears | 24. erasers |
| 25. fish | 26. fishermen | 27. flies |
| 28. feet | 29. foxes | 30. glasses |
| 31. geese | 32. habits | 33. hobbies |
| 34. kids | 35. knives | 36. ladies |
| 37. leaves | 38. lilies | 39. lions |
| 40. men | 41. maps | 42. monkeys |
| 43. mice | 44. oxen | 45. parties |
| 46. peaches | 47. pianos | 48. pictures |
| 49. policemen | 50. postmen | 51. potatoes |
| 52. radios | 53. roofs | |
| 54. sandwiches | 55. sheep | 56. shelves |
| 57. students | 58. sweaters | 59. thieves |
| 60. tomatoes | 61. teeth | |
| 62. toothbrushes | 63. toys | 64. trays |
| 65. umbrellas | 66. watches | 67. wives |
| 68. wolves | 69. women | 70. zoos |

**B**
| | | |
|---|---|---|
| 1. addresses | 2. apples | 3. areas |
| 4. bananas | 5. baths | 6. benches |
| 7. blocks | 8. blouses | 9. brushes |
| 10. buildings | 11. candles | 12. cards |
| 13. cats | 14. beans | 15. coins |
| 16. cookies | 17. days | 18. ducks |
| 19. eggs | 20. eyes | 21. families |
| 22. flowers | 23. feet | 24. foxes |
| 25. headaches | 26. histories | 27. holidays |
| 28. ideas | 29. jobs | 30. letters |
| 31. mistakes | 32. months | 33. neighbors |
| 34. notes | 35. passports | 36. pens |
| 37. pigs | 38. posters | 39. safes |
| 40. scarves/scarfs | | 41. ships |
| 42. shirts | 43. sisters | 44. songs |
| 45. stars | 46. subjects | 47. teams |
| 48. tests | 49. towns | 50. videos |

**C**
| | | |
|---|---|---|
| 1. cups, tables | 2. dresses | 3. Ladies |
| 4. wolves | 5. men | 6. children |
| 7. teeth | 8. fish | 9. boxes |
| 10. feet | | |

**C**
1. 그들은 컵과 탁자를 가지고 있다.
2. 그 소녀는 많은 드레스를 가지고 있다.
3. 신사 숙녀 여러분! 와서 들어 보세요.
4. 많은 늑대가 있다.
5. 두 사람이 경기를 이끌고 있다.
6. 우리는 아이들을 이방인의 습격으로부터 보호할 필요가 있다.
7. 나는 썩은 이가 많다.
8. 아버지는 물고기 여섯 마리를 잡았다.
9. 탁자 위에 많은 상자가 있다.
10. 우리는 두 손과 두 발이 있다.

**B**
1. 선생님의 목소리는 이상하다.
2. 너의 아들들의 그림을 보여 줘.
3. 여기가 길의 끝이다.
4 이것은 Jenny의 개이다.
5. 너의 차는 무슨 색이니?
6. 나는 Columbus의 계란을 알고 있다.
7. 수영장의 길이를 알고 있니?
8. 이 방의 창문을 Thomson이 깨뜨렸다.
9. 그 소년들의 가방이 교실 안에 있다.
10. Mina의 머리는 붉은색으로 바뀌었다.

### Fragment 06 셀 수 없는 명사의 단위 p.109

| | |
|---|---|
| 1. bottle, beer | 2 pieces, paper |
| 3. slices, cheese | 4. glasses, water |
| 5. cups, coffee | 6. pound, sugar |
| 7. pieces, bread | 8. cups, tea |
| 9. pounds, meat | 10. glasses, juice |

| | |
|---|---|
| 1. 맥주 한 병 | 2. 종이 두 장 |
| 3. 치즈 4조각 | 4. 물 몇 잔 |
| 5. 커피 3잔 | 6. 설탕 1파운드 |
| 7. 빵 7조각 | 8. 차 10컵 |
| 9. 고기 8파운드 | 10. 주스 5잔 |

### Fragment 07 명사의 소유격 p.110

**A** 1. sisters'  2. my 3. your  4. his  5. her
6. lion's  7. giant's  8. Thomas'
9. of the desk  10. of the building
11. my mother's  12. hen's  13. elephant's
14. baby's  15. of the doll  16. brothers'
17. Jenny's  18. ants'  19. snake's
20. of the television

**B** 1. My teacher's voice
2. sons' pictures
3. the end of the road
4. Jenny's dog
5. the color of your car
6. Columbus' egg
7. the length of the swimming-pool
8. The window of this room
9. The boys' bags
10. Mina's hair

### 절대 내신 문제 p.111~113

1. ② 2. ③ 3. ③ 4. ⑤ 5. ② 6. ② 7. ①
8. ① 9. ② 10. ④ 11. ② 12. ③ 13. ② 14. ⑤
15. ③ 16. ① 17. ② 18. ④ 19. ② 20. ⑤

[서술형 주관식 문제]
1. a egg → an egg, two melon → two melons
2. The, the
3. a cup of coffee
4. We need a little more time.
5. are four men.

**1** 정답 ②
해설  child의 복수형은 children이다.

**2** 정답 ③
해설  candy의 복수형은 candies이다.

**3** 정답 ③
해설  job의 복수형은 jobs이다.

**4** 정답 ⑤
해설  potato의 복수형은 potatoes이다.

**5** 정답 ②
해설  church의 복수형은 churches이다.

**6** 정답 ②
해석  ① Jenny는 아이들을 좋아한다.
② 방 안에 많은 상자가 있다.

③ 나는 3대의 버스를 놓쳤다.
④ 그녀는 3개의 장갑을 가지고 있다.
⑤ 나는 많은 로봇을 사기를 원한다.

해설    box의 복수형은 boxes로 써야 적절하다.

**7**    정답    ①

해석    ① 신발 한 켤레를 주세요.
② 그는 양말 2켤레를 샀다.
③ Jenny는 종이 한 장을 나에게 주었다.
④ 2파운드의 설탕을 넣어라.
⑤ 그는 빵 2조각을 먹었다.

해설    한 쌍을 의미하는 pair는 앞에 a를 붙여야 한다.

**8**    정답    ①

해석    많은 우유(파일, 가방, 여자 형제, 컵)를 가지고 있니?

해설    milk는 복수형으로 쓰일 수 없는 명사이다.

**9**    정답    ②

해석    어제 고양이는 쥐 2마리를 잡았다.

해설    mouse의 복수형은 mice이다. 참고로 mouse가 컴퓨터 마우스를 나타낼 때는 mouses로 쓸 수 있다.

**10**    정답    ④

해석    우산을 가지고 있니?
그녀는 영어 선생님이다.

해설    모음으로 시작하는 셀 수 있는 명사 앞에서는 an이 쓰여야 한다.

**11**    정답    ②

해석    ① 나는 책 한 권이 있다.
② 나는 점심으로 약간의 빵을 먹었다.
③ 그 바닥에 가방이 하나 있다.
④ James의 집에 빈 방이 있니?
⑤ 세탁기가 있니?

해설    lunch는 셀 수 없는 명사이므로 a(n)을 쓸 수 없다.

**12**    정답    ③

해석    나의 딸은 피아노를 연주한다.

해설    '피아노를 연주하다'라는 의미로 쓰일 때는 정관사 the가 쓰인다.

**13**    정답    ②

해석    ① 태양은 밝게 빛나고 있다.
② 우리는 어제 농구를 했다.
③ 램프의 기름을 다 썼다.
④ 엄마는 나의 볼에 뽀뽀를 했다.
⑤ 3일째 날에 나는 그의 집을 방문했다.

해설    운동 경기와 함께 정관사를 쓸 수 없다.

**14**    정답    ⑤

해석    Beckhem은 런던에 산다.
① 그는 새로운 차를 운전한다.
② Jenny는 평화를 원한다.
③ 우리는 공기 없이 살 수 없다.
④ 나는 방에 있다.
⑤ 나는 Tom을 NICE 신발 매장 앞에서 만났다.

해설    이름을 나타내는 명사인 고유명사를 찾으면 된다.

**15**    정답    ③

해석    나는 Bay 백화점에서 한 쌍의 신발(청바지, 후추, 양말, 안경)을 샀다.

해설    a pair of는 한 쌍으로 되어 있는 명사와 함께 쓰인다.

**16**    정답    ①

해설    sugar는 a pound of로 쓰는 것이 적절하다.

**17**    정답    ②

해석    그 아이가 집 안에 없다.

해설    단수 동사가 왔으므로 단수 형태의 주어가 들어가야 한다. child는 셀 수 있는 명사이므로 관사와 함께 쓰여야 한다.

**18**    정답    ④

해석    돼지 저금통에 돈이 거의 없다.
도서관에 책들이 좀 있다.

해설    money는 셀 수 없는 명사이고, books는 셀 수 있는 명사이다.

**19**    정답    ②

해석    ① 나는 음악을 좋아하지 않는다.
② Jenny는 고기를 좋아하지 않는다.
③ James는 맥주를 한 잔 마셨다.

④ 몇몇 동물들은 위험하다.
⑤ 약간의 충고를 해 줄게요.
해설  meat(고기)는 –s를 붙여서 복수형으로 쓸 수 없다.

**20**  정답  ⑤
해석  얼마나 많은 사람이 그 역에 있니?
① 얼마나 많은 의자가 거기에 있니?
② 얼마나 많은 연필이 필통에 있니?
③ 얼마나 많은 경찰이 들어오니?
④ 얼마나 많은 책상이 교실에 있니?
⑤ 얼마나 많은 물이 컵에 있니?
해설  water는 much와 함께 쓰여야 적절하다.

### 서술형 주관식 문제

**1**  정답  a egg → an egg
two melon → two melons
해석  나의 형은 계란 1개와 멜론 2개를 샀다.
해설  모음으로 시작하는 명사 앞에서는 an으로 쓰여야 하고 melon은 하나 이상 샀으므로 –s를 붙여서 복수형으로 표현한다.

**2**  정답  The, the
해석  그는 컴퓨터를 가지고 있다. 그 컴퓨터는 새로운 것이다.
나는 플루트를 연주하곤 했다.
해설  앞에 나온 명사를 받거나 악기명 앞에는 정관사 the를 쓴다.

**3**  정답  a cup of coffee
해설  커피는 셀 수 없는 명사로 주로 a cup of와 함께 쓰인다.

**4**  정답  We need a little more time.
해설  시간은 셀 수 없는 명사이므로 앞에 a little이 온다.

**5**  정답  are four men

### 수능 절대 문항 맛보기
p.114

1. ①  2. ②

**1**  정답  ①
해석  놀랍게도 많은 해적이 여전히 세계 곳곳에 존재한다. 해적들은 오래 전에 무법자들이었다. 그들은 바다에서 선원과 배를 강탈했다. 그들은 한때 법적인 문제가 있었던 사람들이었다. 결과적으로 그들은 집으로 돌아오는 것을 두려워했다. 물론 이것은 그들이 가족과 헤어져야 한다는 것을 의미했다. 그래서 그들은 승객들과 선원들을 붙잡는 일을 했다.
해설  pirate는 셀 수 있는 명사이므로 much가 아니라 many를 써야 한다.
어휘  pirate 해적
rob 강탈하다
consequently 결과적으로
capture 붙잡다

**2**  정답  ②
해석  여기에 전화위복의 좋은 예가 있다. 할리우드의 여배우 Nicole Kidman은 그녀의 좋지 않은 시력이 그녀의 첫 무대 공연에서 정말 도움이 되었다고 말했다. 그녀는 "무대에 오르기 30분 전에 나는 매우 긴장했었다."라고 말했다. "그러나 나는 공연을 잘해냈는데, 그것은 바로 내가 관중을 볼 수 없었기 때문이었다." 라고 그녀는 덧붙였다.
해설  (A) 셀 수 있는 명사에 '어떤'의 의미로 쓰였으므로 a, (B) 모음 앞에 쓰였으므로 an, (C) 명시된 특정한 대상을 나타내므로 the가 적절하다.
어휘  poor eyesight 좋지 않은 시력
performance 연기
nervous 초조한, 불안한
make it 해내다

## Chapter 09
# 대명사

### Fragment 01 인칭대명사
p.116~117

**A** 1. he  2. We  3. his  4. They  5. him
6. She  7. mine  8. hers  9. them  10. Its
11. their  12. us  13. them  14. She
15. us  16. her  17. They  18. him
19. his  20. them

**B** 1. he → his  2. me → my  3. she → her
4. my → your  5. Me → My
6. Her → Hers  7. his → him  8. It's → Its
9. Ours → Our  10. their → them

**A** 1. James가 너의 역사 선생님이니?
2. 그와 나는 좋은 친구이다.
3. 이것은 Mike의 자전거가 아니다.
4. 나의 형과 여동생들은 친절하다.
5. 나는 공원에서 Jack의 남동생을 보았다.
6. Kelly는 새로운 영어 선생님이다.
7. 나는 아빠 차를 이용하고 너는 내 차를 이용하면 된다.
8. 이것은 Anna의 사진들이다.
9. 내 동생은 Tom과 Josh와 함께 학교에 간다.
10. 이 꽃의 색깔은 아름답다.
11. 그 여자는 Tom과 Mary의 엄마이다.
12. John은 나와 나의 가족을 반겨 주었다.
13. 그녀는 역에서 아이들을 만났다.
14. 그 여자는 미국 출신의 영어 선생님이다.
15. Mina와 나를 공원에 데려다 줘.
16. 나는 Sue를 3시에 만날 것이다.
17. 나의 동생과 Jenny는 항상 함께 공부한다.
18. Tommy를 알고 있니?
19. 이것은 오빠의 것이다. 이것은 그의 가방이다.
20. 할머니는 Tom과 Brown을 매우 사랑하신다.

**B** 1. 그것은 Jason의 것이다. 이것이 그의 라켓이다.
2. 이것은 너의 문제이지, 나의 문제는 아니다.
3. Tony의 엄마는 선생님이다. 그는 그녀를 사랑한다.
4. A: 이것이 너의 피아노니?
   B: 네, 저의 것이에요.
5. 내 우산이 저기에 있다.
6. 그것은 그녀의 티셔츠가 아니다. 그녀의 것은 빨간색이다.
7. 그의 이름은 Jack이다. 나는 그를 만나고 싶다.

8. 나는 고양이를 가지고 있다. 이것의 이름은 Kitty 이다.
9. 우리의 집은 매우 낡았고 작다.
10. 그들은 나의 딸들이다. 나는 그들을 매우 많이 사랑한다.

### Fragment 02 지시대명사
p.118~119

**A** 1. Those  2. These  3. These  4. That
5. that man  6. Those  7. these  8. that

**B** 1. These phones are  2. Those cars belong
3. These are  4. Those windows, were
5. Those are, cars  6. This student is
7. That computer is  8. These rooms are
9. These exercises are  10. This present is

**A** 1. 저것들은 Tom의 공책들이다.
2. 이들은 나의 아들과 딸이다.
3. 이들은 나의 반 친구들이다.
4. 그분은 우리 영어 선생님이다.
5. A: 그가 그 남자니?
   B: 응, 그가 바로 그 남자야.
6. 저것들은 너의 책들이다.
7. A: 이것들이 너의 장난감이니?
   B: 아니, 아니야.
8. 죽느냐 사느냐 그것이 문제로다.

**B** 1. 이 전화기는 아주 단순하다.
2. 그 차는 우리 형의 것이다.
3. 이것은 재미있는 소식이다.
4. 저기에 있는 창문이 깨졌다.
5. 그것은 Smith의 차이다.
6. 이 학생들은 매우 똑똑하다.
7. 그 컴퓨터들은 오래되었다.
8. 이 방은 장난감으로 가득차 있다.
9. 이 운동은 너무 어렵다.
10. 이 선물은 너를 위한 거야.

**Fragment 03** 비인칭주어 it                                p.120

> 1. O  2. X  3. O  4. O  5. O  6. O  7. X
> 8. O  9. X  10. X

1. Canada는 겨울이다.
2. 이것은 오래된 차이다.
3. 대략 10마일이다.
4. 따뜻해지고 있다.
5. 정확히 9시이다.
6. 어제 바람이 불었다.
7. 이것은 나에게 좋은 기회를 주었다.
8. 10월 1일이다.
9. 이것은 너에게 좋지 않다.
10. 이것이 학교로 가는 지름길이다.

**Fragment 04** 재귀대명사                                p.121~122

> **A** 1. myself  2. ourselves  3. itself
>    4. myself  5. him  6. yourself  7. himself
>    8. herself  9. myself  10. yourself
> **B** 1. O  2. O  3. X  4. O  5. X  6. X  7. X
>    8. X  9. X  10. O

**A**
1. 나는 내 스스로 해냈다.
2. 우리는 파티에서 즐겼다.
3. 역사는 스스로 반복된다.
4. 나는 스스로 자랑스러웠다.
5. 나도 그에게 화났다.
6. 그 음식을 마음껏 드세요.
7. 그는 스스로 따뜻해지길 원한다.
8. 그녀는 그 시골에서 혼자 살기로 결정했다.
9. 나 자신을 소개하게 되어서 기쁩니다.
10. 너 자신을 돌봐라.

**B**
1. Mary는 정말 이것을 좋아하지 않는다.
2. 나는 정말 너의 아버지를 보고 싶다.
3. 그녀는 혼자 거기에 왔다.
4. 그들 스스로 그 일을 했다.
5. 그는 스스로를 소개했다.
6. 너는 너 자신을 사랑해야만 한다.
7. Jenny는 나무 뒤에 그녀 자신을 숨겼다.
8. 지난 일요일 너는 즐거웠니?
9. 나 스스로 이해할 수 없었다.
10. 내가 이 책을 썼다.

**Fragment 05** 부정대명사                                p.123~124

> **A** 1. it  2. it  3. ones  4. it  5. one  6. one
>    7. It  8. one  9. It  10. it
> **B** 1. the other  2. others  3. the others
>    4. the other  5. the others  6. the others
>    7. one  8. others  9. the other  10. others

**A**
1. 이것은 나의 새로운 컴퓨터이다. 나는 이것을 좋아한다.
2. James는 나에게 그 책을 주었다. 나는 그것이 아주 마음에 든다.
3. 그런 사과들을 사지 말고 이것들을 사라.
4. 이 방은 아주 더럽다. 나는 이것이 깨끗해지길 원한다.
5. 나는 내 시계를 잊어 버렸다. 나는 하나 사야만 한다.
6. A: 펜을 가지고 있니? / B: 응, 가지고 있어.
7. 그는 자전거를 샀다. 그것은 비쌌다.
8. 나는 흰 장미보다 빨간 장미를 좋아한다.
9. 나는 로마에 갔다. 그곳은 정말 대단한 도시이다.
10. 그녀는 그 영화를 좋아한다. 나는 그녀와 함께 그것을 보러 갈 예정이다.

**B**
1. 나는 두 마리 고양이가 있다. 한 마리는 흰색이고 다른 것은 검은색이다.
2. 우리 중 몇몇은 고전 음악을 좋아하고 다른 몇몇은 재즈를 좋아한다.
3. 그녀는 티셔츠 3개를 샀다. 하나는 붉은색이고 다른 것들은 검은색이다.
4. 나는 두 명의 친구를 만났다. 한 명은 James이고 다른 한 명은 Jenny이다.
5. Bill은 3송이 꽃을 샀다. 한 송이는 장미이고 다른 것들은 백합이다.
6. 몇몇 선생님들은 매우 재미있지만 다른 선생님들은 지루하다.
7. 사과 두 개가 있다. 이것은 내 것이고 다른 것은 James의 것이다.
8. 몇몇 신발들은 싸지만 다른 것들은 비싸다.
9. 그녀는 두 아들이 있다. 한 명은 의사이고, 다른 한 명은 선생님이다.
10. 몇몇 사람들은 부자고, 다른 몇몇은 가난하다.

**A** 1. Who  2. Whose  3. Who  4. Who(m)
　 5. Whose  6. Who(m)  7. Who  8. Who(m)
　 9. Whose  10. Who(m)

**B** 1. What  2. Whom  3. What  4. What
　 5. What  6. Who  7. Whose  8. Who
　 9. Which  10. Whom  11. What  12. Which
　 13. Who  14. Which  15. What

**A** 1. 누가 너의 형제니?
　 2. 저것들이 누구의 양말이니?
　 3. 이 책은 누가 만들었니?
　 4. 너는 누구를 만날 거니?
　 5. 그것은 누구의 의자니?
　 6. 너는 누구를 가장 좋아하니?
　 7. 드레스 입은 그 여자는 누구니?
　 8. 그들이 누구를 초대했니?
　 9. 네가 가지고 있는 모자가 누구의 것이니?
　 10. 너는 누구를 사랑하니?

**B** 1. 무슨 일이 일어나고 있니?
　 2. 너는 누구와 이야기하고 있니?
　 3. 네가 가장 좋아하는 색깔이 무엇이니?
　 4. 이 도시에 대해서 어떻게 생각하니?
　 5. 저녁 먹고 그녀가 무엇을 하니?
　 6. 그 친절한 소년이 누구니?
　 7. 네가 빌린 것이 누구의 공책이니?
　 8. 저기에 있는 사람이 누구니?
　 9. 어떤 것이 더 예쁘니, 빨간 것 아니면 파란 것?
　 10. 누구를 보는 중이니?
　 11. 아버지의 직업이 무엇이니?
　 12. 김 선생님과 한 선생님 중 누구를 더 좋아해?
　 13. 그녀가 장난감을 누구를 위해서 샀니?
　 14. 어떤 게 더 달콤하니, 사탕이니 초콜릿이니?
　 15. A: 직업이 무엇입니까?
　　　 B: 선생님입니다.

1. ②  2. ②  3. ①  4. ④  5. ⑤  6. ④  7. ②
8. ③  9. ④  10. ①  11. ③  12. ④  13. ①  14. ①
15. ③  16. ①  17. ⑤  18. ①  19. ④  20. ②

[서술형 주관식 문제]
1. His, He  2. it→ one  3. It
4. Some, the others  5. my phone

**1**　정답　②
　　해석　① 이것은 그녀의 인형이다.
　　　　　② Jenny는 나의 친구이다.
　　　　　③ Pollen은 John의 엄마이다.
　　　　　④ 그것은 내 동생의 차이다.
　　　　　⑤ James의 삼촌은 미국에 있다.
　　해설　다른 것은 소유격으로 쓰였지만 ②는 be동사
　　　　　의 축약형이다.

**2**　정답　②
　　해석　그 사람은 John이다. 그는 의사이다.
　　해설　대명사 They는 복수형이므로 적절지 않다.
　　　　　John은 대명사 he로 써야 하고 주격이므로
　　　　　he is가 와야 한다.

**3**　정답　①
　　해석　① 여기 다른 하나가 있다.
　　　　　② 지갑이 어디 있니? 그걸 찾을 수가 없네.
　　　　　③ 나는 가방이 없어요. 그것이 하나 필요해요.
　　　　　④ 다양한 색깔의 것들을 보여 주세요.
　　　　　⑤ 나는 빨간색 모자 하나가 있다. 그래서 파
　　　　　　 란색이 필요하다.
　　해설　특정한 것이 아닌 하나의 종류를 나타낼 때는
　　　　　one을 쓰는 것이 적절하다.

**4**　정답　④
　　해석　① 나는 그를 좋아한다.
　　　　　② 그 애완동물은 내 개다.
　　　　　③ 그는 Jenny를 사랑한다.
　　　　　④ 이것은 그들의 책이다.
　　　　　⑤ 나는 이것의 꼬리를 좋아한다.
　　해설　의미상 복수형으로 쓰였으므로 These are가
　　　　　쓰이는 것이 적절하다.

**5** 정답 ⑤

해석 나는 이 색깔을 좋아하지 않아요. 다른 색을 좀 보여 주세요.

해설 의미상 '다른 것'을 나타내는 대명사가 오는 것이 적절하므로 another가 들어가는 것이 적절하다.

**6** 정답 ④

해석 ① 우리는 좋은 친구들이다.
② 그들은 대중 가수들이다.
③ 그는 훌륭한 피아니스트이다.
④ 이것은 새로운 컴퓨터이다.
⑤ 그는 나의 동생 Jack이다.

해설 this is는 축약해서 쓸 수 없다.

**7** 정답 ②

해석 나의 할머니는 검은색 개 한 마리와 흰색 개 두 마리를 돌보신다.

해설 앞에 나온 명사를 받는 복수 부정대명사로 ones가 들어가는 것이 적절하다.

**8** 정답 ③

해석 ① Jenny는 학생이다. 그녀는 예쁘다.
② James와 나는 친구이다. 우리는 6살이다.
③ Timmy와 Julie는 캐나다에서 왔다. 그들은 한국을 좋아한다.
④ 내 동생은 똑똑하다. 그는 키가 크지 않다.
⑤ 그 남자는 매우 친절하다. 그는 프랑스어를 말할 수 있다.

해설 주어 자리에 왔으므로 주격 대명사가 쓰여야 한다.

**9** 정답 ④

해석 ① 매우 춥다.
② 10시이다.
③ 매우 어둡다.
④ 그것은 얼마니?
⑤ 여기로부터 먼가요?

해설 ④를 제외한 나머지는 비인칭주어 it으로 쓰였다.

**10** 정답 ①

해석 A: 와우, 재미있다. 그것을 빌려 가도 되겠니?
B: 물론이지.

해설 특정한 것을 가리키고 있으므로 대명사 it이 들어가는 것이 적절하다.

**11** 정답 ③

해석 Jason과 Bill은 나의(너의, 우리의, 그녀의) 친구이다.

해설 의미상 소유격 대명사가 들어가야 한다.

**12** 정답 ④

해석 A: 나는 그 시험이 걱정스럽다.
B: 걱정하지 마. "최선을 다하자."라고 너 자신에게 말해.

해설 상대방 스스로에게 말하라고 충고하고 있으므로 yourself가 들어가는 것이 가장 적절하다.

**13** 정답 ①

해석 이것은 나의 학교이다.
오늘은 구름이 많이 끼었다.

해설 사물을 가리키는 주격 대명사나 비인칭주어를 나타낼 수 있는 것은 it이다.

**14** 정답 ①

해석 그 로봇은 그(그녀, 너, 나)에게 '안녕'이라고 말했다.

해설 목적어 자리이므로 목적격 대명사가 들어가는 것이 적절하다.

**15** 정답 ③

해석 A: Jenny, 이 사람은 Beckham이야. 영국에서 왔어.
B: 안녕, Beckham. 만나서 반가워.

해설 앞에 나오는 남자 명사를 받는 주격 대명사가 들어가야 적절하다.

**16** 정답 ①

해석 밖에 비가 온다. 너는 우비를 입는 것이 좋다.

해설 날씨를 나타내는 비인칭주어 it이 들어가는 것이 적절하다.

**17** 정답 ⑤

해석 ① 이것은 그녀의 핀이다.
② 이것은 그의 바지이다.
③ 그것은 우리 집이다.
④ 그것은 그들의 고양이이다.
⑤ 이것은 James의 차이다.

| 해설 | -s로 끝나는 고유명사의 소유격은 끝에 '만 붙인다. |
|---|---|

**18** 정답 ①
해석 나는 이것을 좋아한다. 나는 그것을 살 것이다.
해설 this 다음에는 one이라는 표현이 들어가는 것이 적절하고, 두번 째 빈칸에는 '이것으로 하겠다'는 의미이므로 it이 들어가는 것이 적절하다.

**19** 정답 ④
해석 A: 이것이 그의 펜이니?
　　 B: 아니, 아니야. 이것은 내 거야.
해설 '나의 것'이라는 의미가 되어야 하므로 mine이 들어가는 것이 적절하다.

**20** 정답 ②
해석 나는 공책을 한 권 사고 싶어요. 노란색으로 보여 주세요.
해설 '종류 중의 하나'의 의미이므로 one이 들어가는 것이 적절하다.

#### 서술형 주관식 문제

**1** 정답 His, He
해석 나는 새로운 소년을 만났어. 그의 이름은 Kevin이야. 그는 캐나다 출신이야.
해설 3인칭 남성 소유격과 주격 대명사가 들어가는 것이 적절하다.

**2** 정답 it → one
해석 나는 시계를 잃어 버렸어. 그것을 사야만 해.
해설 시계 종류 중의 하나를 의미하므로 one으로 쓰는 것이 적절하다.

**3** 정답 It
해석 오늘은 맑은 날이다.
　　 만우절이다.
　　 어제는 비가 많이 내렸다.
해설 날씨, 날짜 등을 나타내는 비인칭주어 it이 들어가야 한다.

**4** 정답 Some, the others
해설 여러 명 중에 일부는 Some, 나머지는 the others로 쓰는 것이 적절하다.

**5** 정답 my phone
해석 A: 이것은 너의 전화기니?
　　 B: 응, 내 거야.
해설 '소유격 + 명사'로 써도 같은 의미를 나타낼 수 있다.

수능 절대 문항 맛보기　　　　　p.130

1. ② 2. ②

**1** 정답 ②
해석 서양과 아시아의 종교는 많이 다를까? 실제로, 서양과 아시아의 종교들은 같은 기본적인 목표를 가지고 있다. 즉 그들의 신도들이 우주와 더불어 정신적인 평화와 기쁨을 얻도록 도와주는 것이다. 이것이 모든 종교에 있어서 진정한 지혜이다. 그러나 동양의 종교들 중에도, 지혜를 얻기 위한 그 믿음과 의식은 신앙에 따라 서로 달랐다.
해설 (A)에는 religions를 받는 대명사가 필요하다. 뒤에 of Asia라는 수식어구가 있으므로 that이나 those를 사용해야 하지만, 명사가 복수이므로 those가 정답이다. (B)에는 3인칭 소유격 대명사 their가 들어가야 하고, (C)에는 강조하는 재귀대명사가 쓰여야 적절하다.
어휘 goal 목표
　　 universe 우주, 세계
　　 oriental 동양의
　　 religion 종교

**2** 정답 ②
해석 어떤 사람들은 'OK'가 미국 원주민 Choctaw의 말 '그렇다'는 의미의 oke에서 유래되었다고 한다. 다른 사람들은 그것은 럼주로 유명한 아이티의 항구 오케이(Aux Cayes)라는 프랑스어에서 유래된 것이라고 한다. 그러나 가장 널리 인정되는 설명은 그것이 'orl korrect'라는 말, 곧 19세기 초 미국인들이 'all correct'에 대한 철자에서 유래한 것이라는 것이다. 이 말은 1840년 뉴욕의 민주당원의 OK 클럽에 의해 인기를 끌었다. 그것은 그들의 지도자인 Martin Van Buren (그는 Kinderhook에서 태어났다.)의 별명이었던 Old Kinderhook의 첫 자를 딴 정치 단체였다.

**해설** 앞에 some과 어울려 쓰고 '~다른 사람들'의 의미가 되는 대명사는 others이다. 뒤에 나온 동사가 복수동사 say이므로 one(단수)은 주어가 될 수 없다.

**어휘** claim 주장하다
derive from ~에서 유래하다
term 용어
rum 럼주
democrat 민주당원
initial 첫 글자
nickname 별명

## Chapter 10

# 형용사

## Fragment 01 형용사의 역할      p.132

> 1. alone   2. sick   3. useful   4. cold   5. small
> 6. hot   7. great   8. dangerous   9. angry
> 10. strong   11. good   12. bad   13. thin
> 14. special   15. difficult

1. 나는 혼자였다.
2. 우리는 그가 아픈 것을 발견했다.
3. 이것은 유용한 책이다.
4. 더 이상 안 춥다.
5. 작은 차가 있다.
6. 여름에는 덥다.
7. 그들은 즐거운 시간을 가졌다.
8. 그 경기는 매우 위험하다.
9. 그녀는 나를 화나게 만들었다.
10. 너는 단단한 상자들을 가지고 있니?
11. 이 음식은 맛이 좋다.
12. 그 이야기는 나쁘다.
13. Jenny는 얇은 스웨터를 입고 있다.
14. 오늘은 특별한 날이다.
15. 이 문제는 매우 어렵다.

## Fragment 02 한정적 용법과 서술적 용법      p.133

> 1. X   2. X   3. O   4. X   5. O   6. O   7. X
> 8. X   9. O   10. X   11. O   12. O   13. O   14. O
> 15. O   16. X   17. X   18. X   19. O   20. O

1. 나는 그가 정직하다고 믿는다.
2. 나는 어제 불행했다.
3. 그는 키 크고 잘생긴 소년이다.
4. 너 지금 배고프니?
5. 그는 차가운 것을 원한다.
6. 나는 완벽한 사람을 좋아하지 않는다.
7. 그 영화는 지루했다.
8. 그 케이크는 달콤해 보인다.
9. 우리는 오늘밤 특별한 파티를 한다.
10. 수학은 매우 어렵다.
11. 이것은 아름다운 꽃이다.
12. 이것은 유용한 사전이다.

13. 얼마나 붐비는 곳인가!
14. Jenny는 가난한 사람을 돕는다.
15. 그녀는 놀라운 사람이다.
16. 그 경기는 재미있었다.
17. James는 그녀를 행복하게 만들었다.
18. 이 음식은 짠 맛이 난다.
19. 나는 오래된 차를 그녀에게 보냈다.
20. 좋은 것은 공유되어야만 한다.

**Fragment 03** 수사                                    p.134~138

**A** 1. first        2. second       3. third
4. fourth       5. fifth        6. sixth
7. seventh      8. eighth       9. ninth
10. tenth       11. eleven      12. twelve
13. thirteen    14. fourteen    15. fifteen
16. sixteen     17. seventeen   18. eighteen
19. nineteen    20. twenty
21. twenty-first        22. twenty-two
23. twenty-third        24. twenty-four
25. twenty-fifth        26. twenty-six
27. twenty-seventh      28. twenty-eight
29. twenty-ninth        30. thirty-one
31. thirty-two          32. thirty-third
33. thirty-fourth       34. thirty-fifth
35. thirty-six          36. thirty-seventh
37. thirty-eight        38. thirty-ninth
39. fortieth            40. forty-fifth
41. fiftieth            42. fifty-third
43. sixtieth            44. sixty-first
45. seventieth          46. seventy-second
47. eightieth           48. ninetieth
49. one hundredth       50. one thousandth

**B** 1. a half                2. zero point one four
3. one point five          4. three and a half
5. zero point double zero one
6. two and two thirds
7. two point four five
8. seven and seven eighths
9. one point two three
10. three fourths

**C** 1. ten o'clock            2. nine fifty
3. three fifteen           4. one five
5. twelve fifteen          6. May fifth
7. two thousand twelve

8. nineteen eighty six
9. one three four eight seven four six
10. two o five five six eight nine

**D** 1. There are hundreds of people in the concert hall.
2. We can watch hundreds of moons.
3. Thousands of people visited the city.
4. I took hundreds of pictures last year.
5. Hundreds of children are running on the road.
6. Thousands of police gathered in New York
7. I sent hundreds of e-mails to my friends.
8. Thousands of soldiers have died for 10 years.
9. She bought hundreds of books in 2010.
10. James has collected thousands of CDs.

**Fragment 04** 수량형용사                              p.139~141

**A** 1. many    2. much    3. much    4. many
5. much    6. many    7. many    8. many
9. many    10. much   11. many   12. much
13. much   14. much   15. many   16. many
17. many   18. much   19. much   20. many

**B** 1. many    2. much    3. many    4. much
5. much    6. much    7. much    8. much
9. much    10. many   11. many   12. many
13. many   14. many   15. many   16. many
17. many   18. much   19. many   20. many

**C** 1. any  2. any  3. some  4. some  5. a little
6. A few  7. a little  8. any  9. a little
10. some

**A** 1. 나는 지난 밤 많은 악몽을 꾸었다.
2. 나는 많은 우유를 가지고 있지 않다.
3. 그는 많은 샴푸를 사용한다.
4. 그들은 많은 파리를 잡았니?
5. 나는 운동 후에 많은 물을 마신다.
6. 엄마는 많은 접시를 설거지했다.
7. Jenny는 많은 양을 세지 않는다.
8. Brown이 많은 사진을 찍었니?
9. 나무 아래에 많은 개미가 있다.
10. Jerry는 많은 치즈를 베어 물었다.

11. 동생은 많은 채소를 팔았다.

12. 설탕을 많이 먹지 마라.

13. Jonathan은 그녀에 대해서 많은 정보를 가지고 있다.

14. 하늘에 구름이 많이 있다.

15. 그 박사는 많은 로봇을 만들었다.

16. 우리는 뉴욕에 있는 많은 상점을 방문했다.

17. James는 많은 경기를 보았다.

18. 너는 파티에서 많이 즐거웠니?

19. 병 안에 잼이 많이 없다.

20. Kent 부인은 클럽에 많은 장식품을 하고 갔다.

**B**
1. 그는 많은 차를 고친다.

2. Jason은 많은 아픔을 느꼈다.

3. 책상 위에 많은 꽃이 있다.

4. James는 저녁 식사 후에 많은 아이스크림을 먹었다.

5. John은 많은 수프를 끓이니?

6. 그 만화는 아주 많이 재미있다.

7. Aron은 많은 시간을 보낸다.

8. 내 아들은 많은 팝콘을 먹는다.

9. 하와이에 많은 비가 내린다.

10. Brown은 많은 의자를 칠했다.

11. 그녀는 많은 열쇠를 사용하지 않았다.

12. 그가 많은 나무를 베었니?

13. 그들은 태국에서 많은 코끼리를 발견했다.

14. 나는 많은 장난감을 모아 왔다.

15. 내 주머니 속에 많은 동전이 있다.

16. 많은 꽃을 가져갈 수 있니?

17. Jane은 많은 아이를 돌보고 있다.

18. 나는 많은 숙제를 가지고 있다.

19. 우리는 학교에서 많은 규칙을 따라야 한다.

20. 그들은 이것에 대해 많은 생각을 가지고 있다.

**C**
1. 어떤 질문이 있니?

2. 종이로 꽃들을 만들었니?

3. 나는 약간의 실수를 했다.

4. John은 달걀을 좀 먹었다.

5. Jonathan은 스페인어를 좀 할 줄 안다.

6. 몇몇 구성원들이 그에게 동의하지 않는다.

7. 식탁 위에 음식이 조금 있다.

8. 엄마는 좋은 옷을 가지고 있지 않다.

9. 나는 그 계획에 대해 정보를 조금 가지고 있다.

10. James는 그녀를 위해서 약간의 돈을 지불했다.

1. ②   2. ③   3. ④   4. ③   5. ①   6. ③   7. ①
8. ②   9. ⑤   10. ④   11. ①   12. ③   13. ⑤   14. ④
15. ④   16. ③   17. ③   18. ③   19. ④   20. ②

[서술형 주관식 문제]
1. hundred, million, hundred, hundred
2. Thousands of audience came to
3. a new science teacher
4. kind, girl 5. enough time, some answer keys

**1**   정답   ②
    해설   나머지는 모두 형용사이고 happily는 부사이다.

**2**   정답   ③
    해석   나는 차 안에서 자고 있는 아이를 발견했다.
    해설   asleep은 명사를 수식할 수 없는 형용사이다.

**3**   정답   ④
    해석   ① 코끼리는 큰 동물이다.
        ② 그들은 위대한 사람들이다.
        ③ James는 영국에서 유명한 선수이다.
        ④ Jenny는 귀엽고 똑똑하다.
        ⑤ 그는 총명한 사람이다.
    해설   ①·②·③·⑤의 밑줄 친 부분은 명사를 수식하는 역할로 쓰였지만, ④는 be동사의 보어로 쓰였다.

**4**   정답   ③
    해석   좋은 날이다.
    해설   명사 앞에서 수식을 해야 하므로 부사는 적절지 않다.

**5**   정답   ①
    해석   나는 돈이 좀 있지만 동전은 전혀 없다.
    해설   약간의 의미로 긍정문에서는 some을, 부정문에서는 any를 쓴다.

**6**   정답   ③
    해설   '9번째'라는 뜻의 서수는 ninth가 적절하다.

**7** 정답 ①

해석 새로운 일은 세계에서 항상 일어난다.

해설 긍정문이고, -thing으로 끝나는 명사가 오면 형용사는 뒤에서 수식한다.

**8** 정답 ②

해석 James는 크다.
그는 큰 나무 앞에 있다.

해설 형용사가 들어가야 하는데 a-로 시작하는 형용사는 명사를 수식할 수 없으므로 tall이 적절하다.

**9** 정답 ⑤

해설 기수와 서수의 관계이므로 thousand - thousandth가 되어야 한다.

**10** 정답 ④

해석 ① 그녀는 돈이 많다.
② 우리는 가방이 거의 없다.
③ 그들은 거기에서 약간의 사람을 보았다.
④ 유리잔 안에 콜라가 조금 있다.
⑤ 그릇 안에 설탕이 많이 없다.

해설 coke는 셀 수 없는 명사이므로 a little과 함께 쓰일 수 있다.

**11** 정답 ①

해석 Jenny, 나 과자가 좀 필요해.
너 과자 좀 가지고 있니?

해설 긍정문에는 some이 쓰이고, 의문문에서는 any가 쓰인다.

**12** 정답 ③

해석 학생들 중 2/3가 소풍에 갈 것이다.

해설 분자는 기수로 분모는 서수로 쓰는 것이 적절하다.

**13** 정답 ⑤

해석 ① 몇몇 셔츠들은 더럽다.
② James는 많은 책을 읽는다.
③ 나는 점심으로 빵을 약간 먹는다.
④ 그는 많은 돈을 가지고 있지 않다.
⑤ 나는 몇몇 미국 친구들이 있다.

해설 any는 일반적으로 긍정문에서 쓰이지 않는다.

**14** 정답 ④

해석 탁자 위에 빵이 조금 있다.
나는 아직 어떤 계획도 없다.

해설 '약간의' 의미로 긍정문에는 some이, 부정문에는 any가 쓰인다.

**15** 정답 ④

해설 연도는 전화번호처럼 각각의 숫자로 읽지 않는다.

**16** 정답 ③

해석 A: 필통에 얼마나 많은 펜이 있니?
B: 3개.

해설 셀 수 있는 명사가 나왔으므로 many를 쓰는 것이 적절하다.

**17** 정답 ③

해석 ① 그가 다른 어떤 카드를 가지고 있니?
② 너는 어떤 질문들이 있니?
③ 그는 그의 몸에 약간의 이상이 있다.
④ 나는 어떤 음식도 살 필요가 없다.
⑤ 그는 어떤 좋은 생각도 가지고 있지 않다.

해설 any는 부정문이나 의문문에서 쓰인다.

**18** 정답 ③

해설 분수를 쓸 때 분자가 2 이상일 경우 분모에 -s를 붙인다.

**19** 정답 ④

해석 그는 그 시계를 고쳤다.
① 그들은 가난하지 않다.
② 그녀는 부주의한 것처럼 보인다.
③ 얼마나 예쁜 꽃인가!
④ Mary는 그 상자가 비어 있다는 것을 알았다.
⑤ 무대 위에서 춤추고 있는 여자는 내 여동생이다.

해설 fixed는 주어진 문장에서 목적격보어로 쓰였다. 따라서 ④가 적절하다. ①, ②의 형용사는 주격보어로, ③, ⑤의 형용사는 명사를 수식하는 한정적 용법으로 쓰였다.

**20** 정답 ②

해석 A: 오늘이 내 생일이다.
B: 오, 미안, 잊어 버렸어. 오늘이 며칠이지?

A: 10월 24일이야.
해설　날짜는 서수로 표현해야 한다.

1. ③　2. ①

**1**　정답　hundred, million, hundred, hundred
　　해설　천 단위로 끊어서 읽을 때마다 hundred라는
　　　　　말을 붙이고, 각 세 자리 마지막에는 million,
　　　　　thousand 등의 말을 붙여 준다.

**2**　정답　Thousands of audience came to
　　해설　'Thousand of + 명사 + 동사'의 어순이 되어
　　　　　야 한다.

**3**　정답　a new science teacher
　　해설　형용사 new는 명사 앞에 온다.

**4**　정답　kind, girl
　　해설　'형용사 + 명사'의 어순이 되는 것이 적절하
　　　　　다.

**5**　정답　 enough time, some answer keys
　　해설　형용사는 일반적으로 명사 앞에서 수식한다,
　　　　　긍정문에서 '약간의'의 의미는 some을 쓴다.

**1**　정답　③
　　해석　어떤 사람들은 가능한 한 TV를 적게 볼 것을
　　　　　제안한다. 그리고 많은 사람들이 이러한 의견
　　　　　에 동의한다. 하지만 그렇게 하는 것이 또한
　　　　　쉽지 않다. 무의식적으로 우리는 그것에 너
　　　　　무 많이 노출되어 있어서 텔레비전의 영향력
　　　　　을 벗어나기는 어렵다. 새로운 연구에 의하면,
　　　　　20세에 이를 무렵에는 최소한 2만 시간은 텔
　　　　　레비전을 보게 된다고 한다.
　　해설　(A) 긍정문에 쓰여서 '몇몇, 어떤'을 의미할 때
　　　　　는 some이 적절하고, (B)는 time(셀 수 없는
　　　　　명사)을 수식하는 형용사가 필요하므로 little
　　　　　이 적절하고, (C) people(셀 수 있는 명사)을
　　　　　수식하는 형용사가 필요하므로 many가 적절
　　　　　하다.
　　어휘　automatically 무의식적으로
　　　　　expose 노출시키다
　　　　　escape 피하다, 탈출하다
　　　　　influence 영향을 미치다

**2**　정답　①
　　해석　아메리칸 드림에 대해서 알고 있는가? 18세기
　　　　　후반과 19세기 초 미국은 수천 명의 새 이주자
　　　　　를 환영했다. 그들의 고국에서는, 그들 중 많
　　　　　은 사람들이 자신이 원하는 대로 살거나 기원
　　　　　하는 것이 허용될 수 없었다. 그들은 가난했
　　　　　다. 많은 사람들이 거의 굶어 죽을 지경이었
　　　　　다. 이주자들은 자유로운 삶을 찾아서 이곳에
　　　　　왔다. 몇몇은 심지어 미국에서는 도로가 금으
　　　　　로 포장되어 있을 것이라고 말했다.
　　해설　'수천의' 의미는 thousands of~라고 쓴다.
　　어휘　immigrant 이주자
　　　　　pave 포장하다

## Chapter 11

# 부사

**Fragment 01** 일반적인 부사의 형태    p.148~149

**A**

| | |
|---|---|
| 1. actively | 2. angrily |
| 3. badly | 4. beautifully |
| 5. bravely | 6. calmly |
| 7. carefully | 8. clearly |
| 9. coldly | 10. comfortably |
| 11. commonly | 12. correctly |
| 13. cutely | 14. dangerously |
| 15. darkly | 16. deeply |
| 17. deliciously | 18. differently |
| 19. difficultly | 20. diligently |
| 21. easily | 22. equally |
| 23. excellently | 24. expensively |
| 25. freshly | 26. giantly |
| 27. gladly | 28. gracefully |
| 29. greatly | 30. happily |
| 31. heavily | 32. honestly |
| 33. hugely | 34. idly |
| 35. importantly | 36. independently |
| 37. kindly | 38. lazily |
| 39. loudly | 40. luckily |
| 41. mainly | 42. naturally |
| 43. necessarily | 44. newly |
| 45. nearly | 46. nicely |
| 47. noisily | 48. normally |
| 49. perfectly | 50. poorly |
| 51. prettily | 52. quickly |
| 53. quietly | 54. really |
| 55. regularly | 56. richly |
| 57. rudely | 58. sadly |
| 59. safely | 60. seriously |
| 61. shortly | 62. shyly |
| 63. silently | 64. similarly |
| 65. simply | 66. sincerely |
| 67. slowly | 68. specially |
| 69. strangely | 70. strongly |
| 71. suddenly | 72. surprisingly |
| 73. terribly | 74. thickly |
| 75. usually | 76. variously |
| 77. warmly | 78. wildly |
| 79. wisely | 80. wonderfully |

**B** 1. really  2. happily  3. quickly  4. usually
5. clean  6. suddenly 7. easily  8. clearly
9. sweet  10. Luckily

**B** 1. Jenny는 정말 예쁘다.
2. 그들은 그 음악을 행복하게 듣고 있다.
3. 그 선생님은 항상 빨리 말한다.
4. 그 선수는 종종 갈증을 느꼈다.
5. 이것들은 깨끗한 방들이다.
6. 슈퍼맨은 갑자기 나타났다.
7. 나는 쉽게 서랍을 열었다.
8. 나는 그의 말을 확실히 이해했다.
9. 그 수프는 달콤한 맛이다.
10. 운 좋게도, 나는 Lisa를 만났다.

**Fragment 02** 혼동하기 쉬운 부사    p.150

**A** 1. 일찍부터 늦게까지  2. 일찍  3. 늦었다
4. 늦게  5. 매일  6. 매일  7. 단단하다
8. 거의, 않는다  9. 늦게  10. 최근에
**B** 1. hard  2. late  3. hardly  4. lately  5. fast

**B** 1. 나는 그 시험을 통과하려고 열심히 노력했다.
2. James는 학교에 늦게 갔다.
3. 나는 요즘 좀처럼 그를 볼 수 없다.
4. 최근에 뭐 했니?
5. 그 선수는 항상 빨리 뛴다.

**Fragment 03** 빈도부사    p.151

1. I often change my hair style.
2. I always drink a lot of water.
3. He never runs fast.
4. James usually uses his credit card.
5. The bears are sometimes hungry in spring.
6. My brother and I never make a snowman.
7. My mom sometimes cooks Italian dishes.
8. The children often visit their grandparents.
9. Jenny usually washes the dishes.
10. Mt. Mont Blanc is always covered with snow.
11. Thomas often reads a newspaper.

12. Bill usually plays the guitar.
13. The dog never bites someone.
14. My family always go to church on Sundays.
15. Benson often walks to the market.
16. The store usually closes at 7 o'clock.
17. The teacher often wears the pink dress.
18. I never go to a luxury restaurant for lunch.
19. He often gives his wife some roses.
20. Phillip is usually at home.

1. 나는 종종 헤어스타일을 바꾼다.
2. 나는 항상 많은 물을 마신다.
3. 그는 결코 빨리 달리지 않는다.
4. James는 보통 신용카드를 사용한다.
5. 그 곰들은 때때로 봄에 배고픔을 느낀다.
6. 형과 나는 결코 눈사람을 만들지 않았다.
7. 엄마는 때때로 이탈리아 요리를 하신다.
8. 그 아이들은 종종 조부모님을 방문한다.
9. Jenny는 보통 설거지를 한다.
10. 몽블랑 산은 항상 눈으로 덮여 있다.
11. Thomas는 종종 신문을 읽는다.
12. Bill은 자주 기타를 친다.
13. 그 개는 결코 누군가를 물지 않는다.
14. 우리 가족은 일요일에 항상 교회에 간다.
15. Benson은 종종 시장에 걸어서 간다.
16. 그 상점은 대개 7시에 문을 닫는다.
17. 그 선생님은 종종 분홍색 드레스를 입는다.
18. 나는 점심으로 결코 비싼 식당에 가지 않는다.
19. 그는 종종 그의 아내에게 장미들을 준다.
20. Phillip은 보통 집에 있다.

**Fragment 04** 타동사 + 부사                    p.152

1. pick me up   2. called off the promise
3. turn the TV off   4. threw it away
5. turn on the switch   6. put it on
7. bring them back   8. took his coat off
9. give it up   10. try it on

1. 아버지는 나를 데리러 오실 것이다.
2. 그들은 약속을 취소했다.
3. TV를 꺼 주세요.
4. James는 이것을 던져 버렸다.
5. 그 스위치를 켜 주시겠어요?
6. Jenny는 이것을 입었다.

7. 나는 그것들을 다시 돌려 줘야 한다.
8. 신사는 그의 코트를 벗었다.
9. 그들은 이것을 포기하기를 원하지 않는다.
10. 입어 볼 수 있나요?

**Fragment 05** 쓰임을 잘 알아두어야 하는 부사 p.153~154

**A** 1. too  2. too  3. either  4. either  5. either
6. either  7. too  8. either  9. too  10. too
11. too  12. too  13. too  14. either
15. too

**B** 1. well  2. good  3. well  4. well  5. good
6. well  7. good  8. well  9. good
10. good

**A** 1. 부모님도 교회에 가신다.
2. 나도 역시 학생이다.
3. James도 역시 스페인어를 말하지 못한다.
4. 나도 피아노 치는 법을 알지 못한다.
5. 만일 네가 가지 않는다면 나도 가지 않을 것이다.
6. James도 공상과학 영화를 좋아하지 않는다.
7. 그 상점에는 많은 사람이 있다.
8. 나도 다이아몬드를 발견할 수 없었다.
9. Jenny도 뉴욕대학교를 졸업했다.
10. 그녀도 일찍 잠자리에 들어야 한다.
11. Tony도 보통 피아노를 친다.
12. 저도 만나서 반갑습니다.
13. 그도 역시 여행에 참여했었다.
14. 나도 시험을 통과하지 못했다.
15. 우리 엄마도 캐나다 태생이다.

**B** 1. James는 영어를 잘한다.
2. 너의 재킷이 좋다. 그것은 좋아 보인다.
3. 그는 'Dancing Machine'으로 잘 알려져 있다.
4. A: 어떻게 지내?
   B: 아주 잘 지내!
5. 이 음식은 우리 건강에 아주 좋다.
6. 사람들은 그에 대해 좋게 말했다.
7. 책을 읽는 것이 너를 위해 좋다.
8. 나는 기타를 잘 연주할 수 없다.
9. Brown 씨는 좋은 선생님이시다.
10. 시작이 좋으면 끝도 좋다.

**A** 1. When   2. Where   3. How   4. Why
    5. When   6. Where   7. How   8. Why
    9. How   10. Why

**B** 1. When   2. How   3. How   4. How
    5. When   6. Where   7. Where   8. How
    9. Where   10. Why   11. When   12. Why
    13. How   14. Where   15. When   16. How
    17. How   18. When   19. Why   20. How

**B** 1. A: 언제 Jane은 일이 끝나니?
     B: 대략 6시.

   2. A: 얼마나 자주 머리를 자르니?
     B: 한 달에 한 번.

   3. A: 얼마나 많은 형제 자매가 있니?
     B: 남자 형제가 둘 있어.

   4. A: 너의 여동생은 몇 살이니?
     B: 그녀는 13살이야.

   5. A: 우리 언제 만날까?
     B: 4시에 만나자.

   6. A: Tom은 어디 출신이니?
     B: 그는 미국에서 태어났어.

   7. A: 너의 형제들이 어디 있니?
     B: 그들은 그들의 방에 있어.

   8. A: Jane은 얼마나 자주 책을 읽니?
     B: 한 달에 한 번.

   9. A: Jenny는 어디에서 버스를 타니?
     B: 학교 맞은편에서.

10. A : 너는 왜 그렇게 행복하니?
     B: 왜냐하면 오늘이 내 생일이기 때문이야.

11. A: 그는 언제 열쇠를 잊어버렸니?
     B: 7시쯤에.

12. A: 너는 왜 그렇게 슬프니?
     B: 왜냐하면 엄마가 아프시기 때문이야.

13. A: 얼마나 많은 선생님들이 너의 학교에 계시니?
     B: 60명 정도의 선생님들이 계셔.

14. A: 어디에 내 양말이 있지?
     B: 그것들은 서랍 안에 있어.

15. A: 언제 떠날 거니?
     B: 10분 후에.

16. A: 어떻게 그가 그렇게 빨리 뛸 수 있지?
     B: 그는 아침마다 조깅을 해.

17. A: 여기에서부터 얼마나 먼 곳에 우체국이 있지?
     B: 대략 1킬로미터 정도.

18. A: 아버지는 언제 주로 일어나시니?
     B: 5시 30분에 일어나셔.

19. A: 왜 유럽에 방문할 예정입니까?
     B: 왜냐하면 출장 때문입니다.

20. A: 얼마나 자주 축구를 하니?
     B: 일주일에 한 번 정도.

## 절대 내신 문제      p.157~159

1. ④   2. ②   3. ①   4. ③   5. ①   6. ③   7. ④
8. ②   9. ④   10. ⑤   11. ①   12. ②   13. ②   14. ⑤
15. ④   16. ②   17. ①   18. ①   19. ③   20. ②

[서술형 주관식 문제]
1. carefully   2. never   3. well   4. too → either
5. David went to Seoul by train last night

**1**    정답   ④
     해설   beautifully는 형용사에 –ly가 붙은 부사이다.

**2**    정답   ②
     해석   나의 아버지는 아침에 신문을 읽으신다.
     해설   always는 빈도부사로 일반동사 앞에 위치한다.

**3**    정답   ①
     해설   true의 부사형은 truly가 되는 것이 적절하다.

**4**    정답   ③
     해설   문장 전체를 수식하는 부사가 들어가는 것이 가장 적절하다.

**5**    정답   ①
     해석   너도 이 노래를 좋아하니?
         ① 나도 너를 만나서 기쁘다.
         ② 점수가 너무 나쁘다.
         ③ 너는 너무 늦었다.
         ④ 그것이 정말 옳다.
         ⑤ 겨울은 매우 춥다.

해설 too는 문장 끝에 쓰여서 '~도 역시'라는 의미가 있다.

**6** 정답 ③
해석 A: 얼마나 자주 Josh가 너와 함께 일하니?
B: 그는 나와 함께 항상(때때로, 종종, 결코) 일한다.
해설 yet은 빈도부사가 아니다.

**7** 정답 ④
해설 모두 '형용사와 부사'의 관계이지만 friend(명사) – friendly(형용사)의 관계만 '명사'와 '형용사'로 다르다.

**8** 정답 ②
해석 Jenny는 부드럽게(천천히, 잘, 매일) 걷는다.
해설 hardly는 빈도부사로 일반동사 앞에 위치한다.

**9** 정답 ④
해석 James는 수영을 잘한다.
고향이 어디입니까?
이 음식은 건강에 좋다.
해설 동사를 꾸며 줄 수 있는 부사(well), 장소를 나타내는 의문부사(where), be동사의 보어가 되는 형용사(good)가 각각 들어가야 적절하다.

**10** 정답 ⑤
해석 Jonathan은 내 가장 친한 친구이다. 그는 잘 생겼다(정직하다, 키가 크다, 친절하다).
해설 부사는 be동사의 보어가 될 수 없다.

**11** 정답 ①
해석 ① James는 결코 거짓말을 하지 않는다.
② Bill은 때때로 거짓말을 한다.
③ Josh는 항상 거짓말은 한다.
④ Chris는 종종 거짓말을 한다.
⑤ Jessy는 보통 거짓말을 한다.
해설 never는 '거의 ~않다'라는 의미로 빈도부사 중 가장 일어나지 않는 빈도를 나타낸다.

**12** 정답 ②
해석 ① 그녀는 잘 뛴다.
② 그는 쉽게 문제를 풀었다.
③ 그 아이는 느리게 방으로 걸어갔다.
④ 너를 만나서 반갑다.
⑤ 그녀는 좋은 수영선수이다.
해설 형용사와 부사의 쓰임을 묻고 있는 문제이다.

**13** 정답 ②
해석 A: 너의 바지를 어떻게 샀니?
B: 나는 현금으로 그것을 샀다.
① 나는 어제 그것을 샀다.
③ 나는 새로운 것을 사길 원하지 않았다.
④ 이것은 매우 비싸다.
⑤ 나는 이것을 살 수 있었다.
해설 방법을 나타내는 의문부사(How)로 묻고 있다.

**14** 정답 ⑤
해석 A: 무엇을 하는 것을 좋아하니?
B: 나는 책을 읽는 것에 관심이 있어.
① 몇 살이니?
② 이름이 뭐니?
③ 어디에 가는 중이니?
④ 언제 그가 도서관에 갔니?
해설 책 읽는 것에 대해 관심이 있다고 했으므로 '무엇을 좋아하는지?'를 묻는 것이 적절하다.

**15** 정답 ④
해석 ① Jenny는 때때로 인형을 산다.
② Mike는 결코 TV를 보지 않는다.
③ 그는 종종 학교에 늦는다.
④ James는 항상 컴퓨터를 사용한다.
⑤ 나는 보통 Jim과 농구를 한다.
해설 빈도부사는 일반동사 앞이나 be동사 뒤에 위치한다.

**16** 정답 ②
해석 ① James는 꽤 잘생겼다.
② Jenny는 예쁜 소녀이다.
③ 나는 꽤 피곤하게 느꼈다.
④ 꽤 춥다.
⑤ 이 음식은 꽤 맛있다.
해설 pretty는 부사로 '꽤'라는 의미로 쓰이기도 하고 형용사로 '예쁜'의 의미로 쓰이기도 한다.

**17** 정답 ①
해석 ① 우리는 주의 깊게 들어야 한다.
② 그는 피아노 연주를 거의 못 하니?
③ 너는 그 전화기를 부드럽게 눌러야 한다.
④ 그 남자는 조용하게 음악을 듣는다.
⑤ 그들은 운전을 매우 잘한다.
해설 ② hard → hardly
③ soft → softly
④ quiet → quietly
⑤ well very → very well

**18** 정답 ①
해석 Tom은 아침에 항상 늦게 일어난다.
해설 '빈도부사 + 동사 + 부사'의 어순이 되는 것이 적절하다.

**19** 정답 ③
해석 ① 나도 날 수 없다.
② 그녀도 결코 유럽에 가 본 적이 없다.
③ Ben도 젊고 크고 똑똑하다.
④ Josh도 미국인이 아니다.
⑤ 나도 기타 치는 것을 좋아하지 않는다.
해설 either는 부정문에서 쓰인다.

**20** 정답 ②
해석 ① James는 늘 영어로 말한다.
② 엄마는 항상 친절하다.
③ 너는 항상 그 쇼를 보니?
④ 나는 늘 채소를 먹는다.
⑤ 그녀는 그 아이를 항상 돌본다.
해설 always는 빈도부사이므로 be동사 뒤에 와야 적절하다.

서술형 주관식 문제

**1** 정답 carefully
해석 그는 주의 깊은 운전자이다. = 그는 운전을 주의 깊게 한다.
해설 동사를 수식하는 부사가 들어가야 적절하다.

**2** 정답 never
해석 그는 항상 약속을 지킨다.
= 그는 결코 약속을 어기지 않는다.
해설 '항상 약속을 지키다 = 결코 약속을 어기지 않는다'가 되어야 하므로 never를 쓴다.

**3** 정답 well
해석 그는 좋은 수영선수이다.
= 그는 수영을 잘한다.
해설 '잘'이라는 의미의 부사가 들어가야 하므로 well이 적절하다.

**4** 정답 too → either
해석 A: 나는 파도타는 법을 배우고 싶어. 파도타기를 잘하니?
B: 아니, 못 해. 나도 역시 파도타기를 잘하지 않아.
해설 부정문에서 '역시'라는 의미가 되어야 하므로 either로 고치는 것이 적절하다.

**5** 정답 David went to Seoul by train last night.
해석 '주어 + 동사 + 부사'의 형태의 문장인데 부사의 순서는 '장소 + 방법 + 시간' 순으로 쓴다.

1. ④ 2. ⑤

**1**   정답   ④

해석   Andrew Carnegie는 그의 철강 회사를 통해 산업 혁명에 영향을 주었다. 돈을 빌려서 주식을 샀다. 그가 스물다섯 살이 되었을 때, 이 한 투자만으로부터도 그의 연간 수입은 1년에 5000달러였다. 그때부터 계속 Andrew Carnegie가 돈을 버는 데는 전혀 문제가 없었다. 철도, 강철, 석유—그가 손댄 모든 것은 풍요로운 보상을 가져와서 마침내 1900년에는 그는 매우 부유해졌다. 그는 또한 뉴욕에 있는 카네기 홀에 도서관을 짓는 데 그의 돈을 기부했다.

해설   ④ 형용사 wealthy를 수식하는 부사가 와야 하므로 extremely가 되어야 한다.

어휘   stock 주식
annual 매년의
investment 투자, 출자

**2**   정답   ⑤

해석   과학자들은 지구에 관하여 자세히 알고 있다. 예를 들면, 그들은 산이 어떻게 만들어지며, 화산이 무엇인지를 이해하고 있다. 그러나 그들은 화산이 언제 뜨거운 용암을 대기 중으로 뿜어낼지는 알지 못한다. 그들이 지구의 외부에 관해서는 알고 있을지 모르나, 내부에 관해서는 잘 알지 못한다. 과학자들에게는 항상 지구에 관해 많은 어려운 질문들이 있다.

해설   always는 빈도부사로 일반동사 앞, be동사, 조동사 뒤에 온다. 따라서 There are always로 되어야 한다.

어휘   volcano 화산
hot rock 뜨거운 바위, 용암

---

**Chapter 12**

# 비교급

**Fragment 01** 규칙변화형      p.162~164

1. more beautiful – most beautiful
2. bigger – biggest
3. braver – bravest
4. brighter – brightest
5. busier – busiest
6. calmer – calmest
7. more careful – most careful
8. cleaner – cleanest
9. closer – closest
10. cooler – coolest
11. more curious – most curious
12. cuter – cutest
13. more dangerous – most dangerous
14. darker – darkest
15. deeper – deepest
16. more delicious – most delicious
17. more different – most different
18. more diligent – most diligent
19. dirtier – dirtiest
20. easier – easiest
21. more exciting – most exciting
22. more expensive – most expensive
23. more experienced – most experienced
24. faster – fastest
25. fatter – fattest
26. fresher – freshest
27. more friendly – most friendly
28. more graceful – most graceful
29. greater – greatest
30. happier – happiest
31. harder – hardest
32. heavier – heaviest
33. more helpful – most helpful
34. hotter – hottest
35. more important – most important
36. more interesting – most interesting
37. kinder – kindest
38. larger – largest
39. lazier – laziest
40. lighter – lightest

41. louder – loudest
42. lovelier – loveliest
43. lower – lowest
44. luckier – luckiest
45. milder – mildest
46. nearer – nearest
47. nicer – nicest
48. noisier – noisiest
49. poorer – poorest
50. more popular – most popular
51. prettier – prettiest
52. more quickly – most quickly
53. quieter –quietest
54. richer – richest
55. ruder – rudest
56. smarter – smartest
57. softer – softest
58. more special – most special
59. stronger – strongest
60. sweeter – sweetest
61. taller – tallest
62. tastier – tastiest
63. tougher – toughest
64. uglier – ugliest
65. more useful – most useful
66. warmer – warmest
67. weaker – weakest
68. wetter –wettest
69. wilder – wildest
70. wiser – wisest

**Fragment 02** 불규칙변화형 p.165~166

1. angrier – angriest
2. worse – worst
3. worse – worst
4. more boring – most boring
5. colder – coldest
6. more comfortable – most comfortable
7. costlier – costliest
8. more difficult – most difficult
9. more disappointed –most disappointed
10. more easily – most easily
11. more faithful – most faithful
12. more famous – most famous
13. farther – farthest
14. further – furthest
15. more generous – most generous
16. gladder – gladdest
17. better – best
18. more gorgeous – most gorgeous
19. more handsome – most handsome
20. higher – highest
21. more hopeless – most hopeless
22. worse – worst
23. less – least
24. longer – longest
25. more – most
26. more missed – most missed
27. more moved – most moved
28. more – most
29. more natural – most natural
30. newer – newest
31. older – oldest
32. elder – eldest
33. more peaceful – most peaceful
34. 비교급, 최상급 없음
35. more serious – most serious
36. more shocked – most shocked
37. shyer – shyest
38. more similar – most similar
39. slimmer – slimmest
40. smaller – smallest
41. sooner – soonest
42. sunnier – sunniest
43. thicker – thickest
44. thinner – thinnest

45. thirstier – thirstiest
46. more tired – most tired
47. more useless – most useless
48. better – best
49. more wonderful – most wonderful
50. younger – youngest

**Fragment 03** 원급 비교      p.167

1. as important as   2. as cute as
3. as cold as   4. as interesting as
5. as safe as   6. not as hot as   7. as well as
8. not as small as   9. not as fat as
10. as comfortable as

**Fragment 04** 비교급을 이용한 비교      p.168~169

**A** 1. heavier than   2. hotter than
   3. larger than   4. prettier than
   5. sweeter than   6. more interesting than
   7. happier than   8. more diligent than
   9. more difficult than   10. more quickly than
   11. better than   12. brighter than
   13. more useful than   14. stronger than
   15. more fashionable than   16. easier than
   17. faster than   18. more expensive than
   19. better than   20. younger than

**B** 1. worse   2. cuter   3. faster
   4. more beautiful   5. expensive
   6. less   7. cheaper   8. more popular
   9. neater   10. farther

**C** 1. better and better
   2. worse and worse
   3. kinder and kinder
   4. more and more difficult
   5. more and more famous
   6. darker and darker
   7. redder and redder
   8. earlier and earlier
   9. thicker and thicker
   10. cheaper and cheaper

**A** 1. 이 상자는 그것보다 무겁다.
   2. 올해는 작년보다 더 더울 것이다.
   3. Los Angeles는 Oklahoma보다 크다.
   4. 이 꽃들은 저 꽃들보다 더 예쁘다.
   5. 사과는 토마토보다 더 달다.
   6. 이 영화는 'The Dracula'보다 더 재미있다.
   7. 그의 가족은 Julie의 가족보다 더 행복하다.
   8. 우리 형은 나보다 근면하다.
   9. 이 질문은 그것보다 어렵다.
   10. 나는 내 여동생보다 빨리 먹는다.
   11. 그의 행동은 너보다 좋았다.
   12. 그 방은 식당보다 밝다.
   13. 철은 금보다 유용하다.
   14. Heracles는 사자보다 강하다.
   15. 이 스타일은 저것보다 세련되었다.
   16. 영어는 한국어보다 쉽다.
   17. 치타는 호랑이보다 빠르다.
   18. 이 가방은 그녀의 것보다 비싸다.
   19. 나는 수학보다 영어를 더 좋아한다.
   20. 우리 엄마는 Sarah의 엄마보다 젊다.

**B** 1. 살인은 그의 행동보다 나쁘다.
   2. Yuna는 Jessica보다 귀엽다.
   3. 기차는 차보다 빠르다.
   4. 장미는 백합보다 더 아름답다.
   5. 이 식당은 저것만큼 비싸다.
   6. 그는 전보다 덜 먹는다.
   7. 나는 Jenny보다 싼 치마를 샀다.
   8. 이 소설은 그것보다 더 유명하다.
   9. 이 호텔은 나의 방보다 깔끔하다.
   10. Jason은 나보다 멀리 걸어갔다.

**Fragment 05** 비교급 강조 부사      p.170

**A** 1. far bigger   2. even better
   3. a lot more beautiful
   4. still more important
   5. far older   6. even fatter   7. much faster
   8. even better   9. far earlier   10. still larger

**B** 1. O   2. O   3. X   4. X   5. O   6. X   7. O
   8. O   9. O   10. O   11. X   12. O

**A** 1. 이 고양이는 너의 것보다 훨씬 크다.
   2. Jane은 나보다 훨씬 노래를 잘한다.
   3. Venus는 Hera보다 훨씬 아름답다.
   4. 건강은 돈보다 훨씬 중요하다.

5. Athens는 New York보다 훨씬 오래되었다.
6. Bill은 James보다 훨씬 뚱뚱하다.
7. 비행기는 기차보다 훨씬 빠르다.
8. 나는 축구보다 야구를 훨씬 좋아한다.
9. 나의 여동생은 나보다 훨씬 더 일찍 일어난다.
10. 이 집은 내가 생각한 것보다 훨씬 더 크다.

**B**  1. 오늘은 어제보다 훨씬 더 춥다.
2. 그는 내가 하는 것보다 훨씬 더 열심히 공부한다.
3. 그 남자는 많이 이상해 보인다.
4. 그들은 골프보다 축구를 더 좋아한다.
5. Minho는 David보다 훨씬 늦게 아침을 먹는다.
6. Samson은 Medusa보다 건강하다.
7. 이 용기는 그것보다 훨씬 가볍다.
8. 그 가방은 나의 것보다 훨씬 얇다.
9. 이것은 정말 단 초콜릿이다.
10. 그는 Bill보다 훨씬 빨리 달릴 수 있다.
11. 이 건물은 우체국보다 높다.
12. Jane의 개는 Bill의 개보다 훨씬 더 똑똑하다.

**Fragment 06  최상급**                                   p.171

| | |
|---|---|
| 1. cutest | 2. fastest |
| 3. largest | 4. deepest |
| 5. most careful | 6. most handsome |
| 7. most excellent | 8. most beautiful |
| 9. most important | 10. heaviest |
| 11. most exciting | 12. most valuable |
| 13. youngest | 14. most famous |
| 15. most difficult | 16. highest |
| 17. shyest | 18. latest |
| 19. longest | 20. darkest |

1. 그녀는 모두 중에 가장 귀엽다.
2. 빛은 세상에서 가장 빠르다.
3. 중국은 동아시아에서 가장 큰 나라이다.
4. 이곳이 세계에서 가장 깊은 바다이다.
5. Jenny는 모든 학생 중에 가장 사려 깊다.
6. James는 세 남자 중에 가장 잘생겼다.
7. Jill은 이 회사에서 가장 훌륭한 사람이다.
8. 지난 일요일은 나의 삶에서 가장 아름다운 날 중의 하루였다.
9. 이 시험은 모든 것 중에 가장 중요하다.
10. Jonathan은 내 친구 중에 가장 무겁다.
11. 춤추는 것은 파티에서 흥미로운 일 중 하나이다.
12. 돈을 버는 것이 삶에서 가장 가치있는 것은 아니다.

13. Dorothy는 그녀의 친구들 중 가장 어리다.
14. 누가 그 리그에서 가장 유명한 선수인가?
15. 수학은 모든 과목 중에 가장 어렵다.
16. Huji 산은 일본에서 가장 높은 산이다.
17. Bill은 그들 모두 중에 가장 수줍음이 많다.
18. 겨울은 일 년 중에 가장 늦은 계절이다.
19. 한국에서 가장 긴 강이 무엇인가?
20. 이 방이 우리 집에서 가장 어둡다.

**절대 내신 문제**                                   p.172~174

1. ④  2. ②  3. ⑤  4. ⑤  5. ③  6. ③  7. ③
8. ④  9. ②  10. ③  11. ②  12. ③  13. ⑤  14. ②
15. ①  16. ②  17. ①  18. ④  19. ①  20. ②

[서술형 주관식 문제]
1. more large → larger
2. difficultest → most difficult
3. the highest   4. More and more
5. January is colder than February

**1**  정답  ④
해설  나머지는 비교급으로 바뀐 것이고, singer는 명사형으로 바뀐 것이다.

**2**  정답  ②
해설  pretty는 2음절어로 prettier로 써야 적절하다.

**3**  정답  ⑤
해설  little의 최상급은 least이다.

**4**  정답  ⑤
해석  이것이 그것만큼 중요하다.
해설  more가 오면 뒤에 than이 와야 한다. as + 원급 + as의 동등 비교가 들어가는 것이 적절하다.

**5**  정답  ③
해석  James는 11살이다. 그의 반 친구 Bill은 10살이다. James는 Bill보다 나이가 많다.
해설  둘 사이의 나이를 비교하고 있으므로 비교급을 이용한 비교 표현이 들어가는 것이 적절하다.

**6** 정답 ③
해석 A: 우리는 충분한 시간이 없다.
　　B: 택시를 타고 가자. 이것이 더 빠르다.
해설 '더 빠를 것이다'라는 표현이 되어야 하므로 비교 표현이 들어가는 것이 적절하다.

**7** 정답 ③
해석 나의 가방은 너의 가방보다 무겁다.
해설 heavy는 3음절 이하이므로 heavier가 되어야 적절한 표현이 된다.

**8** 정답 ④
해석 Jenny는 Clara만큼 예쁘지 않다.
　　① Jenny는 Clara만큼 예쁘다.
　　② Clara는 Jenny만큼 예쁘다.
　　③ Clara는 Jenny보다 예쁘지 않다.
　　⑤ Jenny는 Clara보다 예쁘다.
해설 열등 비교의 표현이다. 따라서 '~보다 못 하다'의 의미가 되는 것이 적절하다.

**9** 정답 ②
해석 Chris와 Steve는 동갑이다.
　　① Chris는 가장 나이가 많다.
　　② Steve는 Chris만큼 나이를 먹었다.
　　③ Chris는 Steve보다 나이가 많다.
　　④ Steve는 Chris보다 나이가 많다.
　　⑤ Steve는 Chris만큼 나이가 많지 않다.
해설 동갑이라는 표현이므로 동등 비교를 써서 표현하는 것이 적절하다.

**10** 정답 ③
해석 Ward는 그의 반에서 가장 큰 소년이다.
해설 비교 대상이 여럿일 때는 최상급을 써서 표현한다.

**11** 정답 ②
해석 야구는 테니스보다 재미있다.
　　야구는 세상에서 가장 재미있는 스포츠이다.
해설 앞의 빈칸에는 뒤에 than으로 보아 비교급이, 뒤의 빈칸에는 둘의 비교 대상이 제시된 것이 아니므로 최상급이 들어가는 것이 적절하다.

**12** 정답 ③
해석 ① 나는 Jason보다 더 바쁘다.

　　② 그녀는 그녀의 엄마보다 더 살이 쪘다.
　　③ Kelly는 Jina보다 더 아름답다.
　　④ Patrick은 Peter보다 힘이 더 세다.
　　⑤ 이것은 저것보다 더 뜨겁다.
해설 beautiful은 3음절 이상이기 때문에 more를 붙여서 비교급을 표현한다.

**13** 정답 ⑤
해석 ① 그는 너보다 훨씬 크다.
　　② Jane은 나보다 노래를 더 잘한다.
　　③ Athens는 Rome보다 오래되었다.
　　④ 그녀는 너보다 훨씬 더 유명하다.
　　⑤ 나는 너만큼 TV를 많이 보지 않는다.
해설 ①~④는 모두 than을 쓰고 ⑤ 동등 비교에는 as가 쓰인다.

**14** 정답 ②
해석 지난밤에 나는 평상시보다 일찍 잤다.
해설 비교급 문장이고 3음절 이하이므로 earlier가 들어가는 것이 적절하다.

**15** 정답 ①
해석 이 연필은 그 펜보다 길다.
해설 long의 비교급은 longer이므로 more은 필요하지 않다.

**16** 정답 ②
해석 A: 너 James를 좋아하니?
　　B: 응, 나는 James를 가장 좋아해.
　　A: Anderson과 Jim 중에 누가 더 좋니?
　　B: Jim.
해설 최상급은 가장 좋아하는 것의 표현하는 것이다.

**17** 정답 ①
해석 그녀는 내가 한 것처럼 열심히 운동하지 않는다.
해설 동등비교의 as ~ as 사이에는 원급이 들어가야 적절하다.

**18** 정답 ④
해석 Jonathan은 지난밤에 Jason보다 훨씬 더 늦게 집에 들어왔다.
해설 than으로 보아 late는 비교급의 형태인 later가 되어야 적절하다.

**19** 정답 ①
해석 그는 그의 여동생보다 훨씬 더 너그럽다.
해설 뒤에 나온 비교급을 강조하는 부사가 들어가
야 한다.

**20** 정답 ②
해석 Timmy는 13살이다.
John은 Timmy보다 2살이 많다.
Thomas는 John보다 1살 어리다.
해설 13(Timmy) + 2(John) – 1(Thomas)이 되어
Thomas는 14살이다.

### 서술형 주관식 문제

**1** 정답 more large → larger
해석 해는 달보다 더 크다.
해설 2음절 이하이므로 lager로 쓰는 것이 적절
하다.

**2** 정답 difficultest → most difficult
해석 기말 시험은 가장 어려웠다.
해설 3음절 이상이므로 앞에 most를 붙여 쓰는 것
이 적절하다.

**3** 정답 the highest
해설 최상급이 들어가야 하므로 앞에 the를 붙여서
쓴다.

**4** 정답 More and more
해설 '점점 더'라는 표현으로 m으로 시작했으므로
more and more가 들어가는 것이 적절하다.

**5** 정답 January is colder than February
해설 비교급을 사용한 표현으로 colder than으로
표현하면 된다.

1. ③ 2. ④

**1** 정답 ③
해석 개구리를 유심히 관찰해 본 적이 있는가? 그
들은 평평한 머리와 큰 눈이 있고 꼬리가 없
다. 그러나 긴 뒷다리가 있고 이것들은 점프를
위해 사용된다. 또한 큰 뒷발이 있는데 이것
들은 수영하기에 유용하다. 많은 종류의 개구
리가 있다. 어떤 것은 남자 신발만큼 크다. 다
른 것은 벌레 크기와 같다. 개구리는 또한 많
은 색깔을 띈다. 많은 것은 녹색이다. 다른 것
은 갈색, 검은색, 붉은색이나 흰색이다. 어떤
개구리는 점이 있다. 심지어 노란 줄무늬를 띈
개구리도 있다.
해설 as ~ as 사이에 원급 big이 들어가야 한다.
어휘 closely 유심히, 면밀히
observe 관찰하다
flat 평평한
spotted 점박이의
stripe 줄

**2** 정답 ④
해석 이것은 나의 엄마를 향한 아버지의 사랑에 관
한 이야기이다. 어느날 내가 전화를 하는 동안
아버지는 의자에 앉아 기다리셨다. 그는 손으
로 머리를 감싸고 앉았다. 그는 아내에 대한
어떤 좋은 소식을 간절히 바랐다. 그의 눈은
빨갛게 달궈진 것 같았다. 나는 시카고의 병원
과 통화하고 있었다. 의사가 "예! 당신의 어머
니는 여기 계십니다. 그녀는 전보다 많이 나아
졌습니다. 위험은 전혀 없습니다. 당신은 걱정
할 필요가 없습니다."라고 말했다.
해설 비교급을 강조하는 부사는 much이다. many
는 사용할 수 없다.

깐깐<sup>한</sup>
중학영문법
N제